大展好書 好書大展

大展好書 好書大展

社會人智囊

18

爲自己而活

佐藤綾子 著

李芳黛 譯

大展出版社有限公司

前　言

雖然每天都過得很順利，沒有什麼挫敗，但總覺得好像少了什麼似的，總是希望在工作、愛情、人際關係上有「更充實的明天」。

這本書就是獻給這樣的你。

怎麼說呢？因為我從對我們人生具有決定性影響的自我表現方式著手，並利用我的「表現學」，使你清清楚楚展現與衆不同的智慧，這些方法能夠立刻奏效，堅定你的自信心。

不論愛情、事業、人際關係各方面，均能持續綻放美麗的花朵。

首先，你必須表現出「真正的自己」。

你想在對方心裡留下什麼印象？你是不是如自己希望般表現出自己呢？

目錄

第二章　愛的二股力量

——戀愛時的，自己長大了嗎？

第四章 現在的工作適合嗎？
——創造與發現「實力」的方法

第五章　愛自己的方法
——別忽視「生存的意義」

第六章　這種道別法很棒
——為了更好的「再開始」

第七章　男性具有「營養」——沒有白費的愛情

第十章　「認真去愛」

——馬馬虎虎的愛情沒有結果

序章

沈默無法表現出自己

——維持人際關係

運氣好的人、運氣差的人

請環顧你的四周。

是不是注意到在工作或愛情方面，總有些人「運氣特別好」，或「運氣差」。

接著請將眼光放在那些「運氣特別好」的人身上，你應該有所頓悟吧！

他們不是很認真地表現自己嗎?仔細聽對方說話，自己也儘量表達內心思想。

另一方面，「運氣差」的人又如何？

眼睛沒有自信的光輝，對於新事物裹足不前，由於好奇心太弱，以致於連眼前有趣的事都沒注意到。

這些人不要說有什麼顯著的改變了，就連令人想多看一眼的大動作也沒有，稱得上是「節省能源表現者」，因此也沒有敵人。

這是與人交往的「安全地帶」，但是關在「安全地帶」裡的人，卻一點吸引力也沒有。

將「最好的自己」映在對方眼裡與心底

在「安全地帶」裡的人沒有敵人，但也沒有刻骨銘心的伴侶，沒有致力付出愛，當然也無法得到相對的愛。雖然這樣沒有大傷害，但也沒有大收穫，這種人生豈不是很無聊嗎？

與其如此，倒不如努力表現自己，使自己在對方心底、眼裡留下抹不去的痕跡。而就在與對方交往的過程中，你還可以創造潛藏在心中的自己，這樣不是很有趣嗎？也許說得難了一點，但我們的人生就是「在與人交往中自我表現的連續劇」。

換言之，就是在受人影響、影響別人的過程中，創造出比今天更充實的明天、比明天更充實的後天，這也就是我們的「生活目標」。

想在愛情、工作上找到值得信賴的朋友，就從這裡開始。

解讀對方的心，表現「眞正的自己」

你今天和誰見面？說了什麼話？

你以什麼樣的表情聽對方說話，以什麼樣的聲音應答？以什麼樣的姿勢拍手？

而對方對你做出如何反應？抱持何種感情？

「這是對方的問題，我不清楚。」

如果你這麼回答可就傷腦筋了。

即使光從言詞聽不出來，對方全身也一定訴說著些什麼，你不能忽視這種身體語言。正確掌握住對方的個性、心情，才是自我表現成功的第一步。

光是一味地說著自己想說的話，無視於對方正忙著，或者有什麼不方便，這樣如何博取對方好感呢？人際關係絕非單行道。

首先務必注意對方的表情，眼睛應該直視說話對象，不僅聽對方言詞的直接意思，更應該細心地體會其周邊感情。

如此一來，自然能夠掌握對方真正的心情，甚至了解言詞裡面的暗示。

親切的忠告、不在意自己的權勢，這種人一定能得到周圍人的好感。

這樣才真正是思想、感情交流成立的基礎，而首先必須傳達自己的內心。

此時最重要的是，你在自我表現時應遵守的原則。

那就是，你所傳達的內容必須是「善性」表現。

最初提倡「表現學」時，我經常聽人這麼說：

「表現學就是毫無保留地表現自己嗎？」

不是的。

所謂表現學，是充分了解對方的思想、心情，然後表現出相配合的本身善性。

換句話說，你不斷與卓越之人交往，便可從中磨練出自己的感受性，並創造出更了不起的自己，接著再將自己的善性傳達給對方。

持續這種表現動作後，便自然使妳周圍聚集充滿善性的人。

愛情完美、事業成功的秘訣在此

最不費力而又能使人生多采多姿的生活方式是什麼?你知道嗎?

當然一定不是與昨天相同的生活方式。

與昨天相同時間起床，並不需經過特別的努力。與昨天以前見過面的人會面，因爲已經有了初步了解，所以不必花特別心思與之相對。穿著以前穿過的衣裳，因爲已經知道合適自己，所以不會有什麼不妥。

像這樣以熟悉的生活方式持續至明天、後天……，一定不會失敗。

但追求沒有失敗的人生，應該是六十、七十歲這種年齡層人的目標，我相信年輕的你（我也還年輕）不會選擇這一項吧！

總而言之，事業的成功、愛情的充實、人際關係的豐富，均取決於你每日自我表現的熱度。

何不試試將自己的思想表現在言詞、表情、身體等一切動作上，傳達給對方知道呢？面對如此重大挑戰的力量與智慧，我將從下章開始逐一論述。

第一章

是否重複與昨日相同的人生

——發現的幸福才是真幸福

「人生幸福」苦中帶甜

當你聽見好朋友打算結婚的消息時，反應如何？

「太好了！恭喜恭喜！」

大部分人都是如此。

但一定也有人心情不舒服。

「什麼嘛！只想到自己快樂，我連個影子都還沒找到呢！」

人真是傷腦筋的生物。

當自己滿足、各項條件齊備時，便對他人之幸感到喜悅；但如果自己有什麼不滿、不足時，即使聽見他人喜事也無法由衷感覺喜悅。

當你偶爾出現這種心情時，並不是你反常，其實幾乎所有的人都是如此。

對人的幸與不幸一喜一憂的心理

談些有趣的事吧！

有一位朋友在一家著名公司擔任重要幹部，他是位有什麼說什麼的爽快之人，開朗、正直，相當受年輕人的喜愛。

他經常都是哇哈哈地邊笑邊說話。

當屬下表示，「某年某月某日要結婚，請務必賞光」，而他人開玩笑地問他：「你一定會給新人難以忘懷的祝福吧！」時，你猜他怎麼說？

＜希望他爲自己創造幸福的人生。＞

奇怪，一點都不有趣。

「年輕時和心愛的對象結婚，這不是很幸福嗎？其實他已經不用他人的祝福了。」

說著，他又哈哈地笑了起來。

反之，當聽到「好不容易結了婚，卻又離婚」的話時，就會覺得「真糟糕」。

「並不是洋溢幸福地結婚之後，就能像童話故事那樣從此過著幸福美滿的生活。其實人生有許多勞苦，每個人都一樣，就看你以什麼態度面對。」

他的話通常會惹得周圍人哈哈大笑，但現在有人要結婚，他卻說出如此正經八百的話，真讓人有笑不出來的感覺，尤其是那位將結婚的人。

人都是這樣，當聽到他人比自己幸福時，在恭禧他人的另一面，往往會聯想到自己比他幸運或不幸。

如果這時能斷言自己相當幸福就沒問題，但如果自己工作不順、愛情受挫時，在羨慕他人幸福之際，往往還會產生自怨自艾之心。

另一方面，當聽見他人不幸的消息時，在認爲對方真可憐之餘，會想到自己也有過類似不幸的經驗，似乎對方和自己是站在同一條陣線上。換言之，會出現像共犯這種奇妙的共同感。

說穿了，這就是世人常犯的「幸災樂禍」心態，但正確說法應該是，聽見他人不幸的消息時，也許自己會慶幸沒那麼不幸，而聽見他人幸福的消息時，會回首檢查一下自己的幸福程度。

正確解讀「他人幸福」

要怎麼做才能在聽見他人幸福消息時，不論自己幸運或不幸均由衷感到喜悅呢？

以我本身爲例，關於他人的幸福，不論大幸或小幸，我總能百分之百地由衷發出喜悅。

這在於思考問題。

每當聽見誰很「幸福」的消息時，我心裡就會浮現他爲了獲得此幸福，不知花費了多少勞苦的情景。

爲什麼呢?因爲我就是身歷其境的人，我在「看起來很幸福」的外觀裡，隱藏不少「不幸」與「辛苦」，而這些旁人均無法體會。

那大約是十三年前的事。

三十三歲時，我在丈夫、女兒的反對下出外留學

三十三歲時，我在紐約大學苦讀一年，取得博士學位返國，周圍人均表示：

「把才上小學的女兒留在娘家，一個人出國留學，妳丈夫真支持妳啊！而且才唸一年就拿到學位，真是太幸運了。」

聞言我心不禁沸騰。

這趟留學其實是在丈夫激烈反對下成行的，可謂「造反留學」，儘管我說服了將近一年時間，丈夫仍然堅持反對。

「想想看妳是要留住妻子的寶座，還是執意出國留學返國後沒有根？」

就這樣，書桌上擺著離婚協議書。

＜既然如此，我只好背水一戰！＞

當時我學籍在上智大學博士班，靠任教及翻譯攢得留學資金。

小學二年級的女兒哭著說：「都是媽媽害我必須轉學。」父親也向丈夫致歉：「我這個女兒太任性了，真對不起。」

只有母親支持我。「妳已經三十二歲了，如果現在不去，以後就更不可能去了。放心，我會幫妳好好照顧小孩。」

就在唯一的支持下，我飛往另一個國家。

由於時間、金錢有限，所以我只好住在據稱治安惡劣的，男女共住NYU學生宿舍，因爲那裡離學校最近，而且最便宜。

當同學都回宿舍休息時，通常我仍然留在圖書館讀書。

只爲了——

＜不早一日回去的話，也許離婚協議書就被拿出去了，女兒沒媽媽在身旁，真可憐！＞

在强烈的意志驅使下，我一整年的成績全部得到A，這就是女性一心一意的結果。

＜在反對聲中飛出國，怎麼可以拿B或C呢!?＞

精神壓力連帶也造成身體不適，從那時候開始，生理期竟然停了一年半。

但我不在乎，因爲這就是我的選擇。

我並沒有因爲這些瑣事、煩惱、苦勞的威脅，而表現出焦躁的臉龐。因此，當我聽到旁人說：「你丈夫真支持妳！」時，雖然滿腹淚水，但依舊笑臉迎人。

沒有不帶苦惱的幸福

世上真有百分之百的幸福嗎？也許有人說有，但我認爲不太可能。

坦白說，大部分的幸福都有其背面，大幸背後有大苦，這不就是真實的人生嗎？

聽見他人事業做得多好，也許他正是犧牲家庭幸福的結果。

家庭生活完美的人，也許他有收入不夠的煩惱。

經濟、家庭生活都美滿的人，也許他身受某種疾病所苦。

即使健康良好、家庭、工作均順利的人，你問問他，一定很多人希望從事不同的工作，或者爲自己某種希望所苦……。

像這樣，乍看之下的幸福，往往背後有不足爲人道的苦惱。

外表看得見，內心看不見，這就是人。只有自己知道表裏，外人永遠只能看見表像。當他人訴說自己成就、幸福之時，請仔細注意其話中含義。是不是正是之前遭遇過什麼大不幸，所以現在才對自己的幸福如此敏感。只要習慣探測他人裏面，就不會只看見百分之百幸福的表面，其實不可能有百分之百的幸福，當幸福背後有各種苦勞、悲傷支持時，你便能擁有比別人多一倍的力量去克服不幸。

當你在解讀他人幸福時，建議你試試解讀其內在層面，如此你就不容易被他人的幸福與否所左右或迷惑，而且更能掌握自己的幸福。

自己感覺幸福的「幸運線」在何處?

水加熱後從哪裡開始沸騰，此開始沸騰的點就稱爲沸點。

以水的性質而言，沸點之下爲水、沸點之上爲開水，有個清楚的境界線。

同樣道理也可應用在「幸福」思考上。

也就是在此狀態之下爲不幸，在此狀態之上即感覺幸福的界線。

以金錢爲例。

有人認爲「如果一個月有五萬元可處分所得就算幸福」，對這些人而言，假使一個月只有二萬元，那就是不幸，如果一個月有六萬元，就相當幸福。對這些人而言，金錢的幸福線是五萬元。

再看看結婚對象的條件。

有人認爲「學歷高、收入高、身高高的對象算幸福」，如果找到符合這三項條件以上的對象，就會覺得相當幸福，假設對象條件缺少其中一項，亦即在幸福線之下，便會覺得自己「不幸」。

幸福線標準各人差異很大。

以金錢爲例，貧苦出生者，不要說五萬元了，只要有二萬元一個月就覺得幸福。但富裕家庭出生，而且過慣享受的人，也許每個月二十萬也不夠。

再以結婚對象來說，如果自幼在父親酗酒、缺乏愛情的家庭中長大，則只要遇到的對象不像父親那樣便覺幸福，這比非得三高條件俱備不可的人，其幸福線算是相當低了。

這麼說起來，幸福與否不就是由自己決定嗎?端看你要將幸福線拉在什麼位置。

幸福線擺得太低，你很容易就可滿足，但卻缺乏進步。

但幸福線拉得比現在自己狀況高出很多，就很不容易滿足，而且心理總是不平不滿，似乎一直處在不幸的世界裡。

而且不平不滿會使你無法放鬆，有礙身心健康，連帶與人交往也顯得焦躁。

這裡有一個好方法提供給各位，就是年年移動幸福線。

我就是這樣，始終將幸福線拉到自己伸展背部可碰及之處，例如，今年英文學到什麼程度、工作做到什麼階段等等，只要自己努力即可達成的目標。

達到此幸福線之後，次年再將幸福線往上拉一點。

如此你就能夠在「不斷進步、不斷滿足」的狀態下幸福度日。

以適度的緊張感拉這條幸福線最適合，因爲那能讓你進步又滿足。

「幸福」是一種不可思議的感情

我的女兒是獨生女，小時候看見小孩多的家庭就羨慕地說：

「○○家真好，有好多兄弟姊妹一起吃飯、玩耍、做功課。」

尤其到了吃飯時間，女兒更覺得「他們好多人一起吃飯，一定很快樂」。

女兒今年已經是二十二歲大學四年級的學生了，當然不會再說那樣的話。

但小孩子的話最率直，看到別人家一群小孩用餐，必定覺得那樣才算幸福，多希望自己也是其中一員，現在獨自一人多麼不幸啊！

這種情形不限於小孩，對於大人的各種事情不也一樣嗎？

例如，賽跑到達終點、提案被公司採用、長期學習得到證書、托福考了七八〇分等等體驗，都會使我們沈醉在自我實現的喜悅當中。

但幸福這種感情很不可思議，讓我想起牛一再玩味食物美味的情形。

牛是狼吞虎嚥型地吃下食物，我想它那時應該沒有嚐到食物的美味，之後它會將進到胃裡的食物再咀嚼二、三次，最後才送進消化器官。

這當然只是我的想像而已，我想牛在第二、三次咀嚼時，才體會出「美味」的感覺。

因爲第一次是拼命吃下去，所以不知其美味，等重複二、三次後，才感覺出美味。

幸福的感覺不是很相似嗎？

當回首之前努力達成的目標時，才會深切體會出「幸福」的感覺。

如果還能得到周圍人認同的掌聲，則幸福感會多出二、三倍。

有沒有能分享「幸福」的人？

幸福是一個人能夠獲得的。

我們一個人來到這個世界，最終也將一個人死去，因此努不努力也隨你。

掌握幸福的努力操之在你，而得到幸福時的喜悅程度，相信也沒有人能超越你。

但如果周圍有人與你同喜時，就像牛隻一再玩味食物美味一樣，相信你會感受到多出好幾倍的幸福，能夠擁有這樣的友人、戀人或上司，何其幸福啊！

話說回來，如何才能得到這種分享「幸福」的人呢？如前所述，這和你是不是能由衷對他人幸福感到喜悅有密切關係。

自己由衷地爲別人的幸福付出關愛，恭喜他、送禮物給他，長期灌溉的結果，你才能得到同樣對你的幸福付出關愛的朋友。

當有了分享幸福的朋友之後，自己也同樣能分享對方的幸福，而真正的幸福絕不會因他人的分享而減少。

一個蛋糕二個人分，每個人只能得到二分之一，但與人分享幸福則正好相反，能夠得到二倍、三倍，甚至更多的幸福。

創造幸福的秘訣

在各地演講會中，經常聽見這種問題。

「綾子教授說的我們都很明白，就是努力解讀對方本心，自己也盡力讓對方了解，但這不是很累人嗎？一定得這麼積極嗎？」

「怎麼會這麼想呢？」我心想。

人際關係愈强，所受到的牽絆就愈深，也許你只想說對方喜歡聽的話，也只聽見別人對自己說好聽話，如果你想選擇不痛不癢的人生，那是你的自由，絕對沒有人會干涉你。

怕聽批評自己的話、怕遇到挫敗，選擇輕鬆的工作、選擇平淡交往的朋友，這也是一種生活方式，一種不會受到傷害的生活方式。

你讓自己成爲這類人，你就只能玩味這種程度的幸福而已。

例如，不致力於工作，鎮日只思遊樂的人，周圍大概也聚集類似價值觀的朋友，這群朋友均不太努力，只追求輕鬆的娛樂。

另一方面，也有始終自覺不足，不斷往新目標挑戰的人，他喜歡沈醉在達成目標後的

「成就感」中，這種人周圍聚集的也必定是相同價值觀者。

如此一來，這群人便能不斷獲得比現狀更好的成就，個個意氣風發、不斷向上挑戰。

你屬於那一個集團呢？

「儒夫」也能無憂無慮地過一生。

而當你決定成爲「强者」時，就必須付出比別人多的心力，當他人還在睡覺時，你已經起床背英文單字，當他人在電車上打盹時，你正吸收書本新資訊，永遠追求比現在更好的自己。

哪一方比較好？這不是問題，重點在於哪一方比較適合自己的性質。

決定成為「強者」或「懦夫」後，就別羨慕別人

這裡還有一件很重要的事。

當你決定自己要當個「懦夫」或「强者」之後，就不必去羨慕他人了。

一旦你決定當個「懦夫」，不必費心努力，讓自己永遠處於休息狀態時，當你見到旁邊有人努力開花結果，挑戰新事物獲得成功而受人稱讚的現象，請你絕對不要羨慕他。

因爲那是「强者」的生活方式，與你並不相同，即使那種「幸福」讓你覺得羨慕，但

那畢竟不是你所挑選的生活方式。

不論「懦夫」或「强者」都是自己決定的事，如果決定自己的角色之後才來羨慕他人奮鬥成功，或者生活安閒，都毫無意義。

常聽見家庭主婦說：

「看職業婦女充滿活力地在外面上班真好！」

反之，也有職業婦女這麼說：

「只要丈夫在外面工作就可以，妻子安然悠閒地待在家裡真好。」

每一方都有理。是你自己選擇要當家庭主婦或職業婦女的。

既然如此，就應該好好扮演自己的角色，依照自己的「生活方式」度日。

只要有「自己流」就無所謂

一旦確立自己的人生觀，就不要患得患失，應該忠於自己的選擇。

決定自己的道路後就往前走，不要左顧右盼，看這個比我好、那個比我强，否則只會使你成不了這個又像不了那個，最後連自我都沒有。

如前所述，我們所看見的他人幸福，只是看不見裏面的表面而已。

所以即使你放棄現有選擇，重新做不同的選擇，也不見得就能無怨無悔。在此奉勸各位，不必羨慕別人，只有扮演好自己最實在。

做好這種心理準備，我相信這就是你抓住幸福的訣竅。

「苦難，謝謝！」

曾經在中國古典文學中看過這麼一段故事。

一位眼睛失明的青年問賢者：

「我的眼睛看不見，如何才能獲得幸福呢？」

賢者回答：

「正因爲你的眼睛看不見，所以反而幸福，因爲你可以不必看各種無謂、不值得看的醜象，而能專注於自己的本心。」

青年聞言恍然大悟，感動得痛哭流涕。

典故出自何處已經不復記憶，這是二十多年前學生時代閱讀過的故事，至今仍印象深刻，並且對我產生很深的影響。

幸福的種類很多，均是極美之事，但妳只能選擇適合自己的幸福，一旦決定後，就不要徬徨、猶豫，這是鐵則。

以我爲例，在表現學這項日本尚無人專注的學域上走了十三年。過程中遭受不少批判，譬如有人認爲這稱不上是學問，也有人認爲不適合用在日本教育上。

因此，有好長一段時間，我的書賣不出去，沒有收入，只有勞苦。但那時候我並不會羨慕書架上那些暢銷書的作者，因爲我在走自己的路。賣書獲利對他們而言是幸福，但我的幸福是開創一條新道路。

既然我有自己執著的幸福感，又何必羨慕他人的幸福，或者爲他人的批判感到不安呢？

自己應該全心全力走自己的路，這才是真正的幸福，不但自己這麼認爲，並將此觀念傳達給學生。

當你找到「這麼做會幸福」的道路後，一定要全力以赴，不要在意這條路多難走。有苦難，謝謝！更大的苦難，再謝謝！

「因爲這一切都將成爲自己的營養。」如此生活方式才是抓住幸福的訣竅。

為自己而活

第二章
愛的二股力量

戀愛時，自己長大了嗎？

提高人格之愛、安心之愛

當你喜歡上某人時，是不是好像有自我戰爭將爆發的感覺？

換句話說，對方程度比自己高、知識比自己豐富、教養比自己好、能力比自己優秀，自己根本配不上他，但既然喜歡上了，總是希望能和他交往。

在這種心情下每天拼命努力，你不覺得好像在戰場上嗎？

『勇敢去愛』的作者有島武朗先生，只要遇見自己心儀的對象，就將對方的優點融入自己心中，爲了更了解對方，或了解對方的興趣、工作，他便開始拼命學習。我認爲這是很自然的事。

這種愛可稱爲「動態」之愛。

喜歡一個人，那個人在你心目中就像球心一樣，不論你怎麼轉都與他息息相關。

「爲了他，什麼事都可以做。」

像這種行動派的愛情，就是具有動態威力的愛情。

女性如果抱持這種愛情態度，就非常幸福。

爲了對方，你會努力使今日比昨日更出色，即使是單純的打扮也一樣。

處於這種愛情中，你會愈來愈美、知識教養愈來愈優越，任何人都感覺得出：

「他戀愛了！」

我想這種愛就是提高人格之愛。

從男性方面而言亦然，如果妳是一位傑出的女性，與妳交往的男性必定會爲了豐富與妳之間的話題，不斷地努力攝取新知識。

因此，遇到優秀對象，不論女性或男性均可提高自己的人格。

另一股愛的力量是什麼呢？

我想是「靜態」之愛。

也許你已經體驗過了，與他在一起，總感覺心情平和，即使從早忙到晚，但當與他約會時，那些疲累都蒸發了，只有一顆平靜的心。

這種愛可說是平安之愛、靜態之愛，也可視爲具有治癒力的愛。

愛包含了這二股力量。

動態方面，可以提高雙方的人格。

靜態方面，可以讓彼此放鬆、感受無爭之愛。

場而變。

「愛的二股威力」活用法

這二種愛情威力當然可在同一人身上同時出現，而且也可能因自己的年齡、職業、立場而變。

或許也有女性在A先生方面追求提高人格之愛，在B先生方面追求平安之愛。

我認爲不論哪一種方式都好。

但畢竟現實、道德並不允許女性同時將愛分給二個男人。

譬如在工作場合追求提高人格之愛，回家後又追求平安之愛，這是很滑稽的事。

但也並非没有轉圜的餘地。

譬如現在是你衝刺的時候，則你可以追求提高人格之愛的戀人。

這個時期過去後，想安定下來、想有個休息場所時，安心之愛也許就很適合了。

當然如何選擇因人而異，但以我本身體驗來說，在工作上想衝刺一番時，如果能遇到能夠提高人格的男性，那是再好不過的了。

但過了四十歲，總是希望稍微安定下來，享受平安之愛的悠閒。

這二種愛情威力必須配合自己的生活目標加以活用，並没有絶對的優劣。

但不管怎麼說，愛能夠讓自己更上一層樓，也是最佳避風港，還有什麼比愛更美呢？

是不是被愛玩弄了

看看教室裡的女大學生，內心不禁擔心起來。

〈真傷腦筋〉

交男朋友是一件好事，但如果因爲男友而失去了自己基本生活型態，可就不是好事了。

例如，有的人爲此經常遲到，或者頭髮亂七八糟地到校上課。

我熟悉的M小姐就是一例。

「怎麼了？」

看她一副無精打采的模樣，我關心地問道。

結果她回答：

「他說昨晚要打電話給我，我等到深夜一點還沒接到他的電話，我想時間那麼晚了，他應該不會打來了，於是上床睡覺，可是心頭一直掛記這件事，根本睡不著，左思右想不知出了什麼事，腦海裡浮現他移情別戀的情景……，愈想愈睡不著，大概到清晨才昏昏沈沈地睡著，所以早上起晚了。」

唉！爲什麼要被愛情玩弄呢？

愛人與被愛都是一件極美的事，但如果自己的生活規律因此被破壞，那愛不是太不值得了嗎？

是否沈醉於戀愛的支配感

歷史常見王位繼承人在王位與女人之間不知如何抉擇時，往往最後選擇了女人，這種犧牲王位選擇愛情的故事，當然相當動人。

但如果雙方要像童話故事般，永遠過著幸福快樂的日子，就必須本人之前有幾次戀愛經驗，至此堅信此後不變的狀況，而且除了愛情之外，也應該考慮生活條件等各項基礎。否則即使現在是唯一的愛，並不保證未來仍是永恒的愛。

不少人往往只看見眼前愛得死去活來，卻忽略了生活並非只靠愛情，一旦往後現實環境改變了，愛情就和原來不同了，這屬於破滅型愛情。

彼此相愛卻因現實狀況無法結合時，有些人便會選擇私奔或雙雙移民國外，品嘗支配愛情的感覺。

但私奔就能表示愛情堅貞嗎？

很可惜，經過調查統計結果，這種愛成功的比例相當少。

這種愛最好停止

一聽到失敗率高，也許有人反而不認輸，更想證明給大家看。

「我一定要試試！」

但當妳迷惘於「這種愛好嗎？」的時候，往往最容易被甜言蜜語所左右，失去了客觀的自主性，奉勸妳最好「停止這種愛」。

今日女性已經能在各行各業中崢嶸頭角。

幾歲戀愛、幾歲結婚、談幾次戀愛等等都隨妳高興，適婚年齡的觀念愈來愈淡薄了。在這種工作、戀愛對象自由選擇的今日，妳難道任由自己被他的情緒所左右嗎？因爲一個人就喪失自己的平常心，而呈現半瘋狂狀態，妳難道不覺得這種女性很可憐嗎？

老實說，我比較喜歡看見男性半瘋狂狀態。

爲什麼呢？在現在社會裡，男性的地位還是比女性優渥，例如一對情侶發生什麼事，被指責的通常是女性而非男性，不論在工作方面或戀愛方面，占有優勢地位的總是男性。

例如，當一位男性喜歡上一位女性，無心於工作，或者發生其他事情，男性再站起來的可能性就相當高。

但女性則沒那麼幸運，一旦搞亂了現況，就再也無法復原了，不但工作無法持續、朋友不再交往，甚至連健康也受損。

如果妳的愛情具有不安定要素，奉勸妳還是早一日死心吧！

早一點脫離才能早一點開始嶄新的愛情，這才是現代女性明智之舉。

「愛」與「合適」容易被混淆

人都是自私的。

例如，將白說成黑並不會傷害對方，對自己又有好處時，就會經常黑白顛倒。

這在我們日常生活中經常發生，但並不見因此產生什麼危害。

當妳上市場買菜時，正好當時番茄很貴，所以妳不打算買番茄，這時巧遇隔壁太太，也許妳會說：「小黃瓜很好吃喲！」

於是妳買了小黃瓜，並且自認：

「小黃瓜比番茄好吃，所以我買小黃瓜。」

大概沒有人會說：

「因爲番茄太貴了，所以我買小黃瓜。」

因爲番茄貴所以買便宜的小黃瓜，這是由於「適合」的緣故。

這種情況出現在購物上，由於對象單純，所以隨你怎麼解釋都好。

但在愛情場合可就傷腦筋了。

他到底愛誰？

如果有某位男性對妳說：

「我喜歡妳。」

並與妳愈來愈親近。

即使妳與他夜晚約會，甚至外宿，都沒有其他反對聲音出現。

然而實際上他卻還有另一位親密女友B小姐，由於距離太遠，所以不常約會，於是他便轉而親近與B小姐相似的妳。

由於情況適合，所以他會帶妳出席各種聚會場合，但在這種情況之下，當他認爲妳不適合出現的場合時，他身邊的伴侶就不是妳了。

女性就不同了。

尤其是缺乏與男性交往經驗的女性，在戀愛時期總將對方當成是自己的全部，不管出席任何聚會，他都是唯一的伴侶，女性通常不會因場合不同而變換伴侶，這點與男性差異很大。

他也許會一副無辜的樣子，表示「没辦法帶妳一起去」，而且和另外一個人一起出現也不開心，於是妳又相信他是真心愛妳。

但妳有没有想過，一旦妳不在身旁的時候，他是不是也能「没辦法」地依當時狀況約B小姐或C小姐出遊，而且盡興而歸？

或許他和B小姐約會時更愉快，而妳只是他的其中之一而已。

他真正愛的是B小姐。

有時B小姐太忙，或因家庭狀況，無法與他同進同出時，他就會找上妳，他不認爲這有什麼可恥，只是依情況變化而已。

或許他還會無辜地對其他人說：「我們只是普通朋友啊！」

當他以普通朋友身分約妳一起看電影、吃飯、聊天時，妳當然不會拒絕他，漸漸地，連「到旅社過一夜」也得到妳的允許。

但另一位住在家裡的B小姐，就會因爲「媽媽的關係」而拒絕。

在這種情況之下，妳對他而言便是「合適」，B小姐對他而言就「不合適」。

希望女性朋友別忽視了男性這種心理。

是不是戀愛中毒了？

自己究竟是他合適時的對象，還是獨一無二的戀愛對象？

如果妳不仔細從他的表情、言詞、行動中觀察，我相信最後吃虧的一定是妳。

被愛是很幸福的，但如果是「合適」的時候才被愛，奉勸妳早日死心吧！

還有更甚者，假使妳被歸類於「依不同男性需要扮演適合的角色」，那就傷腦筋了。

陸陸續續會有男性約妳，外表看來好像妳「人緣不錯」，但今天和A先生約會、明天和B先生外出，到頭來結婚對象都不是妳。

我擔心的是，女性朋友是不是也對男性送往迎來現象產生麻痺了。

好像覺得身邊一定要有男朋友才是理所當然，沒有男朋友就是不幸。

心理學家稱此為戀愛中毒。

如果不談戀愛就覺得無所適從嗎?所以即使只是男性合適情況下的對象也無所謂?男朋友一個接一個地換也沒關係?真是可怕的疾病。

假如妳能冷靜觀察男性對妳是「真愛」或「適合之愛」,就能跳出戀愛中毒的漩渦。冷靜理性的女孩不會配合男性暫時性的適合,而會機敏地掌握真正愛自己的男性。真愛才能使妳玩味出愛情的偉大。

「把握時機」

有一句英諺「Take the chance by the forelock 」(把握額前髮際的機會)。

這是告訴妳,機會稍縱即逝,如果機會在眼前時不掌握,當它溜過而妳轉頭想捕捉時,已經來不及了,「千萬別放過機會」。

這是句既幽默又意義深遠的諺語。這世上有會在適當時機把握愛情的女性,也有總是一而再地讓愛情從眼前溜過的女性。

一位傑出的男性出現在妳眼前,不過他只是妳身旁的男友之一,沒有意識到想去抓住他，或者聽他心底話、表現真正的妳，或者從他身上學些什麼、爲他做些什麼，這樣當然看不見他的好。

然而有一天，突然看見他身旁出現一位女性，雙雙站在月台上，令人好羨慕。

這時妳才自問，怎麼以前從沒注意到他這麼有魅力呢？於是妳開始後悔。

「怎麼沒抓住大好時機！」

能夠掌握機會的人，「對愛情有正確的價值觀」

這時妳的心情就像「大魚從網中溜走」一樣，他的優點在妳心中不斷擴大，而妳只剩下揮之不去的失落感，悲傷、自責！

假使他以前約妳吃飯、聊天，或者向妳訴說在公司的一些苦悶時，妳能關懷地讓他覺得有依靠，或是爲他做些什麼的話，情形又如何呢？

他原本是因爲關心妳，才會約妳吃飯、談心，如果因此得到善意的回應，相信任何一位男性都會感激的。

換句話說，男女之間的交流是由一方發出信號，當得到對方回應時，那種「自己被了解、被接受」的喜悅很難以言詞形容。

所以交往就是發信、受信，然後再發信、再受信，將彼此的心情表現在言詞、表情、行動上，二人關係就會愈來愈深。

對於關心自己的女性而言，如何接住這第一球相當重要。

然而在不了解這位男性優點的情況之下，也許妳根本無視於他的存在。或者在他面前與其他男性做出親暱的動作，好像根本不把他當一回事。一段時間之後，他便會覺得妳對他不關心，不再對妳發出信號。最後，當他遠離至妳的手搆不到的範圍處時，妳才自覺怎麼沒捉住良機。

既然機會稍縱即逝，那我們該怎麼做呢？

回答要明快。平常就應該清楚確立自己對於愛情的價值觀。

例如，知道自己比較幼稚，屬於依賴型，只要遇到能好好照顧自己的男性，就一定要好好把握。還是自己喜歡運動，如果對方運動方面很優秀，即使不怎麼英俊也沒關係。

也有人對於金錢異常執著，如果遇到有錢男性就先交朋友也可以。

不論什麼價值觀都沒關係，即便妳喜歡花心、不老實的人也罷。當然這比較傷腦筋，應該說只要世人能接受的價值觀，而妳又特別重視的，便是妳掌握機會的最佳標準。

獲得愛情得靠你的瞬發力、行動力

我有一位朋友Y小姐，因父親酗酒、暴力，所以少女時代過得很痛苦。她對男性的第一條件是「不喝酒的人」。

在這種條件下，不管她面前站著一位多優秀的男性，只要這個人喝酒，她根本連正眼都不瞧他一下。

有一天，當她遇見滴酒不沾的摩門教徒，也就是現在的丈夫時，她立刻掉進愛的漩渦中。

我這位旁觀者很清楚地看出「她喜歡他」，因爲她的表現令人一目瞭然。她親手爲他做禮物、等他下班一起回家等等，表現出積極行動。

一開始他並沒有對Y小姐產生特別感情，但日復一日的聯繫，二人終於結婚了。

爲什麼進展得這麼順利呢？因爲Y小姐確定自己對男性的價值觀，第一就是「不喝酒」，只要不符此條件者一律免談。

太過固定的觀念，也許會讓妳忽略擁有其他優點的男性，但由於關係到一輩子的愛情，所以千萬別勉强自己，只有堅持自己愛的理想，才不會對感情徬徨，也才能真正看清什麼才是絕佳機會。

當然，也許妳在這種價值觀之下猛烈前進，結果還是沒掌握好，請別在意。這總比讓機會在眼前溜走，或不知該把握什麼機會，行動總是不安來得有意義多了。

當機會在眼前出現，妳卻不知那是機會，而放任它説走就走，那才懊惱呢！我認爲確立自己的價值觀後，女性就必須靠瞬發力與行動力獲得愛情。

從前傳統觀念裡，這些話應該是對男性來説，女性總被認爲應該靜靜等待。

這是時代造成的錯誤觀念，在生活力與行動力均平等的社會裡，女性爲什麼只能默默地等待男性發信，自己就不能主動掌握幸福嗎？

即使對方是他人眼中毫不起眼的人物也沒關係，訂正是往後的事。

但如果没有最初行動，往後一切也就免談了。

第三章 是不是掌握住值得尊敬的「那個人」

——認清「有價值男性」的方法

爲什麼沒注意到「那個人」的魅力？

前幾天有一場某公司二十位女性的座談會，我不禁哈哈地笑了起來。

在座女性對公司男性提出批評，這些女性幾乎異口同聲表示：

「綾子老師，我們公司都沒有比較出色的男性，放眼望去，個個都沒有雄赳赳氣昂昂的風度，而且一點也不風趣，眞無聊！」

我爲什麼會哈哈地笑出來呢？事實上由於人材教育關係，我進出那家公司好幾次，對公司內的男性也有深入了解。

雖說深入了解，但畢竟我是外人，比不上她們朝九晚五天天見面，不過在我看來，那家公司許多男性都相當優秀。

這並非單指外表與說話態度。

例如，針對「柯林頓總統就職」一事，他們就各有各的獨特見解，而在一起打高爾夫球時，平日嚴肅的男士們也展現其風趣的一面，著實令我吃驚。

像這麼動靜皆宜的優秀男士，女性們卻認爲「公司沒有出色的男性，眞無聊」，令我不解。

發現「身旁男性」的魅力

她們並沒找出原因所在。

事實上，由於出色男性距離自己太近，往往比較不容易發現。反而覺得別家公司的男性好像都很優秀，就這樣更忽略了身旁男性的優點。

在同一家公司上班的人，上班時間都在一起，就像房屋中的地板與牆壁，幾乎是無意識的存在，往往很難成爲注意對象，因爲不注意，當然看不見優點。

爲了解決這種迷惘，不妨換個環境相處看看，譬如一起登山、郊遊、旅行等等，從全然不同的行動中，妳可能會發現其嶄新的一面。

而當妳發現他的魅力後，別忘了率直地稱讚：

「没想到你這麼風趣，讓我對你刮目相看！」

這是很重要的行動。

如此一來，他更會率直地表現出與在公司時不同的一面，愈來愈展現出自己的魅力。

人在不同場所會有不同表現，如果妳對於天天相處的周圍男性麻木了，便可以試著從另一方向了解他，也許會有意想不到的結果。

這就是再發現身旁人的第一步。

「平均值」再見

另外還有一點，即使身邊有不少魅力男性，但因爲妳自己受制於世上所謂的平均值，所以無法發現那個人的魅力所在。

例如，年收入沒有一百萬很難度日、沒大學畢業資格不夠、托福沒達七〇〇分以上得不到外商公司認同等等各式各樣平均值，人往往有依平均值評斷一個人的習慣，即使他有其他優點，但這些優點都在你拘泥於平均值的狀況下給抹滅了。

現在年收入少，不見得將來就一定不能脫穎而出開創一番新局面。

雖然沒有大學畢業，但自己經營事業做得有聲有色的，平均收入超越一般人的情況也有，或許愈交往愈發現他的其他優點。

如果妳被世俗的平均值綁住了，就很難看見對方真正的魅力。

平均值只不過是一項概略的統計數字，我認爲最好不要用來當做評論標準。

收入、身高、相貌、學歷等統計數值，也許具有研究上的意義，但我認爲那對愛一個人或尊敬一個人沒什麼助益。

如果人的一生有三百年、四百年也就罷了，但在這短短八十年當中，是不是能遇到一位「由衷尊敬」的人，影響女性幸福至鉅。

不論男女，單純的好惡感情並不夠，還應該對某人有進一步的尊敬心。這種心理絕非一般感情所可比擬，其中隱藏著微妙感覺。

就像宗教書上所寫的，對一般人的愛是愛，對神明的愛則爲「尊敬」，希望妳以此爲目標。

一旦尊敬某人，則他說的一切都有道理，即使他說太陽從西方昇起、東方落下也罷，妳仍然不懷疑地信任他，此生若能遇到這個人，真是太美了。

而是不是能遇到這種值得尊敬的對象，和平均值毫無關係。

就像小孩尊敬賽跑第一名的選手，假使這位選手數學考○分也不會影響小孩對他的尊敬。

尊敬一個人牽涉到更深層的感情，如果只拘泥於平均值，實在太傻了。

以平常心看平均值，認真評價眼前這個人的魅力，一旦發現他真的不錯，就由衷地尊敬、稱讚他，並把握此良機，才是明智之舉。

還是率直一點……

妳認爲自己是個相當溫柔的女性，但這項優點如果別人不知道，就沒什麼意義了。

當自己的價值不被周圍人理解時，往往就會出現不滿的感情，有時會生氣、悲傷、自怨自艾，每天總覺得不快樂。

不過坦白說，男性這種現象比女性更嚴重。

例如，我所認識的一位U先生，他對比自己年輕的女性，一定以命令的口氣說話，「煙灰缸倒一下」、「這份文件影印十份」等等，由於說話態度不客氣，所以女性朋友不太喜歡他。

而且別人爲他做完事情後，他也只簡短一聲「嗯！」連句「謝謝」也不說。

況且他的相貌也不瀟灑，蒜頭鼻子、鐮刀嘴，小腹還微微突出，戴一副圓形眼鏡，實在不怎麼搭調。

因此即使他學歷高、能力强，但從未見過周圍女性稱讚過他。

不善與女性應對的男性心理

但與這位U先生漸漸熟悉後，令我訝異他竟是一位相當親切的人。

最近我才注意到，其實他請人爲他做事的命令語氣，只是爲了掩飾自己的害羞。

記得有一次在辦公室裡，當時只剩下我們二人。

我注意到眼前的煙灰缸滿了，於是順手端起煙灰缸倒掉煙灰後，再以水沖洗乾淨，然後將煙灰缸裝些水後擺回U先生面前。

看他吸一口煙往天空吐氣，然後往煙灰缸彈掉煙灰，接著喃喃說道：

「煙灰缸放些水真不錯。」

就在那一瞬間，我認爲這就是他表達「謝意」的另一種方法。

怎麼說呢?因爲他吐煙的樣子好像很舒暢，而且藏在圓形眼鏡裡的眼睛發出笑意。

我對他觀察了一陣子，我想他應該感到高興，但卻不善於對女性表達感謝或稱讚。

或許他家庭教育嚴格，從小就被教育不可隨便和女孩子說話。

所以他對待女性也和對待男性一樣，並不會特別表現出親切的態度。

巧妙解讀隱藏在男性內面的心理

不知是幸或不幸，這種內面心理不輕易流露的男性何其多。

在女士優先的美國，拜託女性做事總是很客氣，事後也必定言謝。在和女性交談時，他們也會掌握時機對女性來一番稱讚。像「妳今天的服裝配上這副耳環真好看」或「妳的髮型真美」等等。

不論在工作上或家庭中，這類言詞很自然地會從男性口裡說出，女性聽了也很習慣。但東方國家的男性則不同，相同的話說出口，也許還會惹來女性白眼，這是由於民情不同，從小沒受過這種訓練所致。

十幾二十歲的男性也許還比較善於表達，四、五十歲的男性就不太可能了。六十歲則更不用說，他們似乎認爲對年輕女性說話太客氣有損自己顏面。因此他們便凡事命令、不關心、鈍感、易怒。

這是「雙重表現」

但反過來，如果女性對他們客氣、親切、讚美，他們內心會感謝，因爲內在與外在是兩回事，外在表現一定得照傳統習慣進行。

對於發現他們的好，我們事實上已經領先了一步。

如果妳能了解他們表面與隱藏在心中的內面其實是雙重構造，那妳就比較容易解讀他們的「雙重表現」。

只要妳願意試著去了解男性同事、上司、朋友隱藏在內側的溫柔一面，我相信妳一定可以找到值得尊敬的「那個人」。

原本無價值男性的無價值表現是沒什麼好談的，但我們社會裡常常出現有價值男性的無價值表現，希望聰明的妳去發現。

讓「那個人」永遠在自己身旁

「希望有個可以依靠的男性永遠守在身邊」。

這是每一位女性的希望。

尤其當工作忙碌、對體力没有自信、得不到周圍評價時，這種感覺更强烈。

如果自己身旁有位值得依賴的男性，遇到事情他都可以爲自己快刀斬亂麻地迅速解決，那不知有多好！當迷失方向時有人牽引，那不知有多感動。

再怎麼工作還是這種收入，如果有一位高收入男性愛我，那不知有多快樂。

像這種將內心缺乏事物轉向要求對方的心理，可說是很自然的律動。

而這種人類自然心理狀態，只要要領得宜，都不應該受責難。

如果對方也擁有和自己一樣的缺點，那無異雪上加霜，唯有在雙方優缺點中求得均衡點，才能截長補短、相互依靠。

換句話說，能有個喜歡的人讓自己依靠，是值得慶幸的一件事，但如果將力量全部放在他身上，好像會壓得他喘不過氣來，反而把他嚇跑了。

有時候依賴心太重就像額頭上的一顆「腫瘤」，任何男性都會害怕。

我們在觀察周圍男性後發現有價值的男性時，會開始對這個人產生尊敬心，但傷腦筋的是，這分尊敬當中往往包含依賴心理。

依賴他、從他身上學習可以讓自己成長，但我們往往會對值得依靠的人過度依賴。

假設他的頭腦很好，妳在判斷事情時爲了避免錯誤，都找他商量後才決定，這對提升自己的程度而言絕非壞事。

然而如果心存「凡事問他就好」的心態，自己失去思考練習機會，不論遇到什麼事，自己都不敢下判斷，這樣就過分依賴了。

讓人喜愛的依賴心、讓人討厭的依賴心

一開始他會對妳的依賴心感到歡喜，認爲妳很重視他，但如果連一些瑣事都要麻煩他的話，我想沒有一位男性會感到欣喜。

就像每個人都該有自己的工作一樣，妳只能在某種範圍內依賴他人，不可將工作完全交給他人。

一旦妳對他的依賴超過他的負擔限度，亦即失去均衡點時，他心底就會吶喊：

「妳也太煩了吧！」

能夠擁有值得自己尊敬的「那個人」，當然是可喜可賀的一件事，但在尊敬他的同時，絕對不要心存往後什麼事都有人撐著了的想法，仍應儘量自己努力解決事情，這才是現代女性應有的姿態。

我最近在日本開始籌組『國際表現學會』的日本分會。

此協會獲得財界一流企業經營者男性約三十人的鼎力支持。

他們各個掛上某某頭銜，不但在金錢上給予支持，並盡力在其他方面協助我。

我很尊敬他們，因爲他們是典型有價值的男性。

但即使認爲他們是有價值的男性、尊敬他們，如果我將自己能勝任的事也依賴他們協助的話，情況將會變成怎麼樣呢？

例如訓練內容如何？該講什麼主題？該請什麼老師？等等雜事，一切都和ＶＩＰ們商量，結果將如何？

我想他們一定會認爲：

「真囉嗦，請人幫忙也該有個限度嘛！」

我想奉勸各位的是，即使妳幸運擁有值得尊敬的「那個人」，也請不要忽略了自己的責任。

爲了讓他永遠在妳身旁，妳自己會做的事還是自己做比較好，過度依賴只會使他逃離而已，這也正是身爲女人的鐵則。

第四章 現在的工作適合嗎？

——創造與發現「實力」的方法

是否舉得出不滿的具體理由？

畢業後大約工作三年的女性造訪我的研究室時，均有個共通點。那就是抱怨現在的工作很無聊，「無聊」這個字眼意思很模糊，但卻經常被提到。

「爲什麼很無聊？」

「一直做相同的事」、「沒什麼前途」、「薪水太少」等等答案，沒一項是具體的回答。

於是我問她們：

「一直做相同的事讓妳覺得無聊，那妳真正想做的事是什麼？」

對方也答不出個所以然來。

「妳嫌薪水太少，那麼妳認爲應該獲得多少薪水才合適？」

仍然沒有具體數字。

雖然很可笑，卻是事實。

認爲現在的工作很無聊、薪水太少，但卻又說不出自己適合什麼樣的工作，或多少薪水才合適，這是當今社會普遍存在的現象。

即使問她想要多少薪水，而她回答：「五萬元。」再問她：「妳的能力值五萬元嗎？」的時候，就說不出答案了。

當妳想提出要求時，是不是應該先衡量自己的能力再下決定。

妳做了與薪水對等的工作量嗎？

我自己有一間小公司，裡面也有幾位女職員，我當然認爲應該依能力支付薪津。如果當事人向我要求能力以上的薪水時，我不得不說：「不。」

每個人都有權要求與自己能力對等的薪水。

但當自我反省時，請問妳是否做了薪水對等的工作量，能夠坦白說出：「是的。」的人少之又少。

再就工作性質而言，有人說：「工作很無聊。」當反問她：「做什麼工作才能滿足妳？」的時候，能具體說明的人更少了。

而且當她回答做某種工作應該比較有趣時，對於這份有趣的工作是否勝任，又是另外一個問題。

百貨服裝售貨小姐覺得銷售的工作很無聊，認爲設計工作應該比較有趣。但事實上她不見得具備設計方面的才能與經驗，所以就算她認爲設計工作應該比較有趣，也只是空想而已，實現的可能性微乎其微。

這種人如果只是單純因爲工作很無聊就辭職，可就傷腦筋了。因爲就算妳想找設計方面的工作，也沒有公司會採用妳，到頭來妳還是得找和從前一樣的職業，而且往往條件沒以前那家公司優渥。

「自我評估一覽表」

爲了避免以上失敗的例子，我建議妳製作「自我評估一覽表」。清楚寫出目前自己具有什麼能力？會做什麼事？不會做什麼事？如果有心目中理想的工作，則寫出這項工作必須具備那些條件。如果這些必備條件中有自己能力不及之處，就開始拼命學習。

有些人想在外商公司工作，假設從自我評估一覽表中發現自己的英文說寫能力都不佳，那又如何能在外商公司求發展呢？

萬一妳真的進了外商公司，在周圍均是外語能力極強的同事當中，妳可能會因爲自己能力不及而自卑，我相信這種滋味並不好受。

因此，如果妳以外商公司爲目標，先決條件就是先提高英文能力。所以在妳認爲現在的工作不適合時，請先製作「自我評估一覽表」，從中列出下一個目標工作必備的能力，並自我訂定一年或二年爲完成時間。

這總比妳貿然辭職或一味地感到目前工作無聊來得有意義多了。

比起前期經濟景氣時代，現在算是經濟蕭條時期，各公司對於新人要求程度提高，但人數減少，在這種狀況下，千萬不要貿然辭職出國旅行，應該先冷靜下來好好規畫自己的未來。

不要一廂情願地以爲工作再找就有了，先考慮清楚再辭職才不致遭遇損失。

將自己能力細分後，現在工作是否適合自己的答案自然就出來了。

給認爲「現在工作很無聊」者的建言

查克遜・米海這位行動科學家寫了一本有趣的書『有趣的社會學』。

根據他的調查，我們做出任何行動時，理由不外乎二種。一種是獲得褒獎、成功等外在的滿足；另一種是喜悅、快樂等內心的滿足。

他稱這種湧自心裡的快樂為「內發性報酬」。

這種由衷的喜悅、快樂，事實上就是我們一切能力進步的基礎。

以作曲、舞蹈、登山等活動為對象，查克遜調查「為什麼覺得這些活動有趣？」答案排第一位的是，因為這些可以成為一項技能。第二位是，活動本身及活動行為所衍生的世界。第三位是，個人技能發達。第四位是，友情、交遊。第五位是，競爭、他人與自己的比較。第六位是，追求自己的理想。第七位是，情緒的解放。第八位是，權威、尊敬、流行等等。

從上述調查得知，學習技能排第一位。

「工作不快樂」者的深層心理

工作也是一樣。

這份工作是不是讓自己覺得快樂，並不是公司或上司的問題，而是妳本身經驗的問題。

這個公司很無聊——其實不是這個公司很無聊，也絕不是上司很無聊。

說得清楚一點，「我們公司很無聊」這句話，指的是妳本身做這份工作不快樂。

更具體而言，假設妳今天必須提一個企畫案、見一位客户、打一分文件、影印三份清單。

其中妳很討厭影印，於是四樣工作中就有一樣讓妳不快樂。

如果要會見的人也令妳厭惡，則一天就有半數工作讓妳不快樂。

在這種情形下日復一日從事自己不快樂的事情，妳當然不快樂了。

由於從事的是自己不喜歡的工作，自然就覺得上司或公司很無聊。

這也就是妳認爲眼前自己所做動作很無聊的原因。

讓自己愉快的訣竅

那麼，妳認爲倒茶或電腦程式設計等工作就會比較有趣嗎？

影印在現在已經算快速了，有些人就算影印一○○份也不覺得是什麼負擔。

反而愈做愈快，並對自己速度增快感到高興。

會見客户也一樣，也許這位客户真的很令人討厭，妳必須和他見面交談當然很没趣。

但爲什麼不換一個角度想想看，如何進攻？如何作戰？如何達到自己的目的？角度不同，趣味自然也不同。

既然生而爲人，就不能什麼也不做，如果將一切動作視爲有趣行動，就能減少妳的不快樂。

當妳將工作視爲有趣行動後，公司、同事、上司在妳眼裡也都活潑了起來。

「可能嗎？」

也許妳會懷疑，那麼請聽聽我的經驗。

將工作當成遊戲與挑戰

我很喜歡烹飪，在繁忙的生活中，能讓我有一些時間調理食物，對我而言是一大享受。

很多人聽我這麼一說，會不解地表示，「什麼？綾子老師也會烹飪？」或「天啊！連睡覺時間都不夠了還得做飯，真辛苦。」

但我真的對烹飪很有興趣。

光是味噌湯一樣，我就有許多不同變化，在不斷試驗中，往往會出現難得的傑作，這也就是爲什麼我喜歡烹飪的最大原因。

因爲覺得有趣，所以即使寫稿能挪出三、五分鐘，心底也會高興地往廚房跑，興致勃勃地開始某樣實驗。

在這種狀況下烹飪，當然非常有趣，即使味道不是多棒，但光是品嘗烹飪時的那份樂趣，就已經讓我甜在心頭了。

如果料理美味就更完美了，但實際上，我是樂於烹飪的動作。

正因爲如此，即使再忙碌，烹飪對我而言不但不痛苦，反倒是享受。

對於一個動作，如果視它爲勞動，便會感到沈重壓力，但如果視它爲遊戲、挑戰，也許妳將會發現前所未有的樂趣。

以有趣的眼光看對方

當你必須和討厭的客户見面時，何不試著用另外一種心情出發。

這對你而言是一種挑戰，因爲解讀對方本心比看推理小說有趣多了。

他拼命「不想讓你了解」，你則拼命「想了解他」，這種競爭遊戲不是很有意思嗎？

一大早五點多就得從溫暖的被窩爬起來趕到外地演講，真的相當辛苦，但測量起床至出門時間，以前得花四十分鐘，現在三十五分鐘就夠了，這種自我挑戰也是一種樂趣。

當年齡一歲歲地增加，動作反而更敏捷時，你不感到愉快嗎？

如上所述，生活中的點點滴滴，我都儘量使其有趣化。

一開始是基於意識而做，後來漸漸習慣之後，在他人眼中很無聊的事，在我看來都變成有趣的事了。有時候還會大叫：「我成功了！」

如果你也能這麼做，也許你就不會將重點放在這份工作適不適合你，而著眼於如何挑戰這份工作了。

當然，如果從任何角度檢討，這都不是一份適合你的工作時，建議你乾脆換個工作。

向界限挑戰

當一群五十歲以上的人在一起談話時，末尾總可聽見他們的共通語言。

「明天得早起，今天就到此爲止吧！」

事實上，沒有人知道他們明天是不是必須一早起床工作。

也許他們明早能睡到十點，只是爲了結束座談而以「明天一早要打高爾夫球」爲藉口。

這時其他人便會附和，而心裡想「還好有人打前鋒，否則不知要拖到幾點」。

我看見那種場面，總覺得很可笑。

「明天必須早起」的含義是，因爲明天得早起，所以現在必須保留一點體力。

因此，只要有某個人提議「明天必須早起」，其他人就隨之附合結束會議，這種大家都心知肚明的半謊言，不是很可笑嗎？

每一個人都有這種通病，爲了明天的事而草草結束今天的事，這是普遍存在的事實。

我本身從未因明天必須早起而離席，也許當有人提議時會附合，但卻從未主動要求過。

對今日事全力以赴

我很喜歡向自己的能力、體力界限挑戰。

一旦今天有需要，我可以開會或工作至十一點、十二點，甚至一點都沒關係，即使明天四、五點就得起床，我還是要把今天的事完成。

實際上會有驚人發現。

前一天晚上十點就寢，隔天早晨五點起床時感覺很疲倦，而前一天晚上工作至一點才就寢，早晨五點起床時也覺得累。換句話說，十點睡覺或一點睡覺，而在清晨五點起床的感覺沒什麼差別。

既然如此，如果今天有工作尚未完成，就應該盡全力去完成它。

必須保留一點體力的想法不能說有什麼錯，只是好像對自己太放鬆了。

不論哪一條道路，每一個人都只有這一生，與有限的人相遇，做有限的工作死去。

當我們全心全意地愛某個人時，這一瞬間就無法愛其他人，任何事情都一樣，都有人數、時間、質、量的限制。

如果在既知的限度、範圍內不停地計算，務必保留餘力的態度，我認爲不是年輕人該有的生活方式。

我今年四十六歲，有時像年輕人、有時像老年人，隨著自己體能狀態而調適自己。

當體能好的時候，我會盡情地燃燒自己，漫無天際地工作、遊玩。

根本不考慮到應該餘留一些體力給明天，結果當然隔天很疲勞，但昨日盡情盡興的滿足感，讓我一點也不後悔。

另一方面，也有時候會感覺骨頭酸痛、頭痛等身體不適，這時候當然無法向界限挑戰，只有期待更美好的明天了。

不要自我設限

讓我覺得很遺憾的是，二十、三十幾歲的年輕男女，往往因爲明天會太疲勞，所以今天就做到這裡爲止，早早就決定了自己的界限，而不是忘情地向界限挑戰，不論工作與愛都先自我設限。

我認爲年輕人在工作上應該勇往直前，不論成敗與否，光是那股衝勁就叫人感動。愛情也是一樣。

這個人真好，可是對方不知道會不會拒絕我，就在妳猶豫的時候，他的周圍早已包圍了不少女性，這時妳又躊躇著，不知道他有沒有女朋友了。

何妨大膽試試看，他接不接受決定權在於他，而不是妳，如果還沒嘗試就畫地自限，就很難有進步，這不是年輕人該有的生活態度。

爲什麼不算年輕的我，能向工作、愛情、遊玩等盡情挑戰呢?失敗就失敗嘛!啪啪兩手一拍，抖落一身舊塵埃，然後告訴自己：

「這件事到此爲止，明天又是新的開始!」

尤其在工作方面，向愛情挑戰也許會傷痕累累，但向工作挑戰很少會被工作傷害。

向界限挑戰失敗就算了，留得青山在，不怕沒柴燒，頂多失眠一晚想想失敗的原因，下次再向界限挑戰，這樣你的人生必定很豐富。

第五章 愛自己的方法

別忽視「生存的意義」

絕不屈服的訣竅

不知道你有沒有這種經驗，當你看見五、六個人正在交談時，走過去想加入他們，但他們看見你後馬上停止交談，這時你心裡一定不好受。

請問你做何感想？

看見我來就不說了，難道是在說我的壞話，還是正好談話告一段落？

也許從表情看起來好像在說你的壞話，但既然沒有證據證明，就不要胡思亂想，因爲這只會使你自己心情不好而已。

如果你認爲他們是正好談話告一段落，心裡就一點疙瘩也沒有了。

事實上，這二種截然不同的想法，造成我們幸福滿足感相當大的差異。

就好像當你發現皮包裡有二千元時，你是高興得心想還有二千元真好，還是沮喪地心想，只有二千元，根本買不了什麼。

前者稱爲樂觀主義者，後者稱爲悲觀主義者。

爲什麼說這些道理呢？因爲我們在各種人際關係中生存時，樂觀主義者比悲觀主義者快樂多了。

具體而言，樂觀主義者不但自己快樂，也會發覺周圍都是美好的事物。

我所受到的「排擠」

我曾經有和某學者集團話不投機的經驗，而且是發生在四十歲過後的最近。

最初我拼命想，該怎麼說明才能讓這些人了解自己的看法呢？

但很遺憾，我的行動不被接受，當我想去表達時，他們會把頭轉過去，當我想加入他們的交談時，他們便突然靜下來。

更傷腦筋的是，當大家針對某一問題進行討論時，會一個個地問「A先生有什麼好意見？」、「B小姐看法如何？」、「C先生認爲怎麼樣？」但卻不讓我說明自己的意見。當我左邊的人逐一發言完畢，遇到我便跳過去，繼續請我右邊的人發言，如果你是當時的我，你會怎麼看待這件事？

是不是會認爲，這個人真過份，明明是瞧不起人嘛！這種無聊的會，我再也不參加了。

其實最初瞬間我也是這麼想，既然對方不重視自己的想法，不讓自己有說明的機會，那麼參加這種會議根本是浪費時間。

然而，在這種情況持續半年後，我的想法稍微有了改變。

好吧！既然你們不在乎我的意見就算了，我也不在乎你們，你們不聽我說我就不說，不聽我的意見是你們損失，我無所謂。

這麼變化自己的心情後，即使整場座談會沈默不語，我的心裡也很平靜。

我反而可以專心聽其他人發言，並且觀察其他人的舉止。有時發現，這個人說的只是理論，事實上心裡並不這麼想，爲什麼呢？因爲他一直看小抄。

或者，這個人的發言根本是抄襲，因爲我看過這本書，他把國外作者的意見當成自己的意見論述，而且截取得支離破碎的。

沒有心理壓力地聽「敵人」發言，觀察他們的表情、手指動作、看小抄的情形，真是好玩的遊戲。

這半年當中，我做了許多資料。

例如，强而有力的A先生，其實是懦弱的；常常有驚人之言的B先生，總是抄襲他人的作品，真是對自己没信心等等。

往後半年，我沈醉在這種快樂的遊戲中。

就這樣過了一年，第二年，我偶而會想出自認爲比他們更好的意見。

於是我這麼想。

「這裡有這麼好的意見，你們卻無福分享，那我就將它用在其他地方吧！」

這麼一來更有趣了，我可以從各位的發言中找到新主意，譬如A先生的意見如果再加上一些什麼就更好了，或B先生的意見缺少那一點等等。

就在不發一言的情況下過了二年。

事情也有了變化。

不管他們如何漠視我，我總是面帶笑容、炯炯有神地聽他們發言，我想他們應該有點失望，慢慢地他們改變態度，與我和平共事。

老實說，至今我仍不知道他們心裡如何評論我這個人，但我認爲那並不重要。

「討厭的那個人」的長處

在這個世界上，我們不可能只遇到我們喜歡的人，即使喜歡一○○個人，也總會討厭某一個人。

一旦討厭某人，我們就無法面對他輕鬆愉快地表現自己，想說的話說不出口、想笑時又笑不出來，這就是緊張。

即使靜靜聽對方說話也會覺得「什麼嘛！盡說些無聊事」，即使對方說的話有價值，也會被你原始的主觀意識所忽略。

人沒有十全十美的，即使對方有缺點，並不代表他完全沒有價值。

這個道理也適用於對自己不友善的人。

譬如現代社會有一些心術不正的男性，他們的表現也許讓你反感。

如果你明確地表現出你的反應，面對他愛理不理的，往往正合他意。

與其感到厭煩，不如無視他的缺點，以開朗的心情面對他，我想他應該不致於一無是處吧！也許你能找出「這個人值得稱讚的性質」。

我並不是說他全部人格值得稱讚，而是說再怎麼厭惡的人，至少也有一些長處，與其厭煩地相對，何不試著找找他的優點呢？

有目的就不怕

清楚掌握自己下一步該做什麼很重要。

如果不知道自己下一個工作目標，就會對周圍人的忽視感到心虛，這就是人的弱點。

當有了明確的目標後，往目標邁進才是重點，周圍的閒言閒語都是其次了。

想想大石內藏助進攻的故事，進攻是他們的大目的，所以途中遭受什麼冷言冷語、被瞧不起、被辱罵，他們都不在乎，因爲比起大目標，這些都是小事情。

但最重要的，就是認清自己想做什麼，明白了之後，就不必在乎他人怎麼想。

尤其如果批評妳的人是位有爲的男性，那妳就更值得恭喜了。

能得到有爲男性全力地批評、攻擊、漠視、反感，反而是女性的光采。

就是因爲妳最特別，才會引起他的攻擊，無所謂的女性是無法引起他的反感，所以妳應該爲自己的特殊、傑出而高興。

當妳確定自己想做的事，或者想愛的人之後，便處於安心立命之境地，不要太在乎周圍的風吹草動，因爲那些都無法打倒妳，這就是「凌子流」絕不屈服的訣竅。

真的很希望所有女性都能身體力行。

女性想在社會上爭得一席之地，就必須如此。

埋首於有趣的事

「好像没什麼有趣的事。」

我所任教的學校裡，有學生沮喪地表示。

大學四年級學生馬上面臨就業問題，當然不能說沒有什麼有趣的事，但二、三年級學生，就有不少人表示「好像没什麼有趣的事」。

就業第一年，忙於記周圍人姓名，以及適應新工作，或許會覺得「没趣」。但工作三年之後，卻仍有不少人感到「没什麼有趣的事」。

有時候見了人就是一聲「唉——」，接著便說：「好像没什麼有趣的事。」這句話似乎成爲女性朋友們新的打招呼語。

我會故意問道：

「有趣的事是什麼事？」

學生聞言均無言。也許他們正是不知有趣的事是什麼，所以說「没有有趣的事」，當我問「什麼是有趣的事」，他們當然答不出來。

要知道「有趣的事是什麼事」至少應該掌握其方向性，也就是了解自己的價值觀。

例如，你想幫助他人，認爲幫助人是有價值的事，這就是你的價值觀。

如此一來，當被問道：「有趣的事是什麼事？」時，你就可以回答：「幫助他人之事。」這不就是具體的答案嗎？

當義工也好、在家照顧老年人也好，或者你想幫他人做家事賺錢也好。

總而言之，只要你確立「有趣之事＝助人之事」，則必定能找到有趣之事。這是第一階段。

接下來第二階段，就是埋首於有趣之事。

有趣之事往往是適合這個人的事。

當找到適合自己的事時，應該大聲說：

「謝謝！」

例如，我們對未接觸過的工作有興趣，也許是廣告企畫，也許是小說創作。

由於没經驗，所以做起來很吃力，但只要有人肯給我們機會，就值得我們言謝。找到有趣的事情後，就應該埋首其中，邊做邊學習。

「有趣的工作」為「生活的意義」之根本

先別在意這樣工作是不是拿手，只要有興趣就去嘗試看看。

如果這件工作需要花費大筆金錢，當然不得不慎重考慮，但太過於慎重，往往很難發現有趣的工作，你是不是老是在一旁羨慕別人呢？

對於你感到陌生而又認爲有趣的事，可以自己努力找機會嘗試，也許一開始做不好，但做幾次之後就得心應手了；相反地，也有人一開始做得很好，但卻發現那根本一點趣味也沒有。

既然決定去做，就不要灰心，即使中途遇到瓶頸，也不要因此而沮喪，因爲你最認爲有興趣的工作，往往就是最好的工作。

在反覆進行中，相信你一定會再一次拍手歡呼：「真有趣！」

不論工作或興趣，在進步的過程中都會遇到不容易突破的瓶頸，如果你就此放棄，那什麼也沒有，如果你堅持毅力，就會更上一層樓。

希望在死亡前說「我愛我的人生」

是不是能在有趣的分野中占一席之地，關係著「生命的意義」至鉅。

常常聽見有人說：「做有意義的事真好。」我心裡會出現一個問號：「目的是什麼？」

當我投身表現學這門學問時，覺得那一定是有意義的事，從此我的生命有了意義，毫無疑問地，這是終身無悔的選擇。

想想看，它的基礎是什麼?瞬間反應便是「有趣」，而且沒有第二個答案。

在十四年以前，我置身於舞台戲劇研究工作，進行美國戲劇與日本戲劇的比較。後來注意到其實舞台下的人的動作，比舞台上演員的動作有趣多了。與其追求台上的表演，不如深入探討日常生活中的演技——亦即了解我們在日常生活表現中有什麼共通的科學原理原則。

於是我開始專攻表現學。

十四年後的今天，我感觸良深地對自己說：「幸福真有意義。」就是一瞬間「有趣」的感覺，讓我一輩子也離不開它。

只要自己認爲有趣的事，什麼都好，並且要堅定地對自己說：「就是這件事！」無論多困難都嚇不倒我，如此你才能全力以赴，並且從中發現自己的潛在能力，擁有無悔的人生。

若能在死亡前一瞬間，無怨地說：「我愛我的人生。」不是太棒了嗎？

「沒時間」是不是成了口頭禪？

人做了有趣的工作、興趣、遊戲，會滿足地表示「真棒」，但也有不少人總喜歡說：「因爲沒時間，所以沒辦法做。」

其實沒有時間是相對的，誰做了多少工作後就沒時間？或者誰讀了多少書後就沒時間？

愛一個人也是一樣。

愛一個人可以爲他做任何事，然而每個人都只有二十四小時，這二十四小時當中得工作、吃飯、處理雜事、洗澡、睡眠，而且還必須持續愛情，你會因爲沒時間就不談愛情了嗎？

因此，我不相信沒時間所以無法做某事，或沒時間所以沒辦法和心愛的人見面等說詞。與其說沒時間所以無法做，倒不如說「不會創造時間所以無法做」。

請想想以下場面。

有一位男士喜歡妳，由於工作繁忙，他對妳說：

「下星期我很忙，不能和妳見面。」

下個月也很忙不能和妳見面，明年也很忙不能和妳見面，請問妳做何感想？

應該說他不想找出時間，而不是沒時間，我想再笨的人都了解這一點。

所以「沒時間」的正確意思應該是，「沒有找出時間的意思」。

或者也可以說「有意思但不努力」、「有意思、有努力，但缺乏實行力」。

時間必可創造

無論如何，有時間、沒時間都是他律的說法，或是客觀的說法，其實有沒有時間的責任在於自己，這應該是自律的、主觀的問題。

如果你很愛他、很想和他見面，那你一定找得出見面的時間。

這就是主觀問題，就為了和他見面，你可以在百忙中抽身跑去和他約會，即使腳痛也不在乎。

爲了愛他，你可以創造時間。

工作也一樣，如果說你很想做新工作、學新學問，卻說沒時間，那我想並不是你找不出時間，而是你的注意力還不夠。

假使現在想做的事對自己相當重要，我想你會甘願減少逛街時間、睡眠時間、面對化粧鏡的時間。

或者你和厭惡的人見面，心裡下決定幾點幾分就要說再見，到時你必定毅然決然起身：

「我還有事，先走一步。」

總而言之，你必須先確定今天一整天的事情先後順序，爲了最優先、對你而言最重要的事情，我相信你一定創造得出時間。

生活的意義，說穿了不就這麼簡單嗎？如果你非得找適當心情、找適當時間、找適當體力才來做的話，將很難發現生活的意義。

當你找到自己優先順序第一位的事情後，就必須徹底集中時間與體力，即使犧牲其他事也在所不惜，這樣你必能找到自己的方向。

甜頭與鞭子的平衡感

「今年一定要通過英文檢定一級資格。」

你是不是曾如此下決心，卻無法持之以恒呢？

「這個月一定要減重一公斤。」

你是不是心裡這麼想，卻在半個月後仍然無法身體力行呢？

當自我目標訂得太高，往往會造成懈怠或半途而廢，始終無法實現理想。

世人多半在没達成自訂目標時，會安慰自己：「没拿到一級證書，二級也不錯啊！」或向自己妥協：「没減掉一公斤，至少也減了半公斤。」

如果没依照自己的實力訂定目標，必定不容易達成此目標，這時一般人又容易向自己妥協，如此就更無法達成目標了。

有時候，對自己施予鞭策是有必要的。

例如，如果自己違反規定，就一顆巧克力也不准吃。

隔天你必須將巧克力送人，以表示對自己的懲罰與激勵。

「給自己褒獎」

想參加英文檢定一級及格，卻發現自己無法持之以恒地用功。

這時你應該給自己一些具體的規定，例如，一天不聽英語錄音帶三十分鐘以上，就絕不上床睡覺，不論多累都非得遵守此規定不可，把這項規定當成是一種義務來鞭策自己。

另外再對自己說：「如果沒遵守這項規定，就沒機會得到獎品。」

換句話說，如果半途而廢，則即使看見一件很喜歡的襯衫，也不買給自己。

假使自己做到了，就給自己一些獎賞。

就在甜頭與鞭子雙管齊下後通過資格檢定時，就可以好好獎賞自己一番。

但最好事先決定獎賞方式。

譬如在行事曆上註明：

「○月○日之前完成，就爲自己買一件○千元的襯衫。」總而言之，在達成大目標之前有各個小目標，每一階段都先決定如何獎勵與懲罰。

就像遊戲一樣，通過第一階段後向第二階段挑戰，接著向第三階段邁進，就在不知不覺中，你將發現自己已經完成了大目標。

例如，公司設定一個標準，規定「能達此標準得多少獎金」、「不能達到此標準扣多少薪水」，這是勞動環境的獎懲，但是對他人的限制。自己對自己設計一套獎懲制度，一定能使自己更進步。

這種自我鍛鍊的方法，不但能讓自己依既定目標前進，還能提升自我安排的能力。

第六章　這種道別法很棒

——為了更好的「再開始」

好聚好散或彼此傷害

常常見到這種情形，二個人愛得死去活來，最後卻因某種緣故不得不分離。

當然，初戀能持續至永遠，是一種人人稱羨至高的幸福。

但我們出生後即時時刻刻在成長，思考方式、價值觀也不停地在變化，所以往往因環境影響使得我們無法和初戀情人廝守終身。

然而說再見的方式並非如此容易，我將之分爲二大類。

一種是説再見後仍對那段戀情回憶無窮。

另一種是説再見後，回首往日覺得那段時光「毫無意義」，或是「一場空」。

你有那一種經驗?或是兩者均有?

女性中的「男性性與女性性」

某日有段訪問中提到：

「很多讀者投書表示『結婚後就沒有異性朋友了，不像單身時代可以隨自己的意思交朋友』，綾子老師對這件事有什麼看法？」

事實上，這個問題之前我就常遇到。

婚前可以隨意與三、五位男性交往，但結婚後談天的異性就只有丈夫而已，但丈夫常常忙於工作而夜歸，即使早一點回來也多半累得倒在沙發上休息。失去與異性交談的機會，便是當今妻子的現狀。

那麼，爲什麼不再和單身時代的異性朋友來往呢？我常常這麼想。

一位女性當中，應該存在「男性性」與「女性性」這二種性質。

有一類女性比較嬌柔，依偎在男性身邊一副嬌滴滴的模樣，讓人有種捨不得她受傷害的心情，當要決定什麼事情時，她往往表示「你決定就好」，對於政治、經濟話題也幾乎不涉及。

這種女性之所以能捉住男人的心，我想只有一個原因，那就是她的女性性，也就是狹義的女人，亦可稱爲女人中的女人。

彼此交往是由於妳的女性嬌柔，結婚後當然很難在這種基礎上繼續交往。

爲什麼呢？因爲婚後和異性約會談情說愛，並不見容於這個社會。

婚後仍繼續與男友交往

另外一種是顯現出「男性性」部分與男性交往的女性。亦即雙方交往所涉及的層面很廣，譬如一起討論工作上的事、一起出遊、一起談政治經濟話題等等。這種女性在婚後與婚前男友交往，並不會影響婚後的生活，因為二人交往並非談情說愛。

與丈夫一起吃飯、享受家庭愛情生活，也可以與以前男友保持如婚前般討論工作、政經話題，或打打高爾夫球等關係，這對婚姻生活而言反而是好現象，應該不會帶來負面影響。

如果婚前交往的男友並非基於妳的男性性而與妳交往，則婚後很難繼續維持友誼。如果能因思想提升而交往、因工作上互助而交往，就像男性朋友之間交往一樣，那麼你們的友誼没有不延伸至婚後的道理。

我並不是在說什麼大道理。事實上我有三位從大學時代交往至今的男朋友，他們已經四十六歲了，我們常常一起喝茶、聊天，彼此家人也經常聚在一起談天說地，絲毫没因性別關係而中止往來。

當然，這三個人並非我單身時代的男朋友而已，我也曾考慮過與他們的婚姻問題，不過後來雖然没與他們結婚，至今仍然保持情誼。

交男朋友並非只是談情説愛的對象，我認爲婚前男女之間在提升彼此程度、人格的基礎上交往，對我們女性而言是相當幸福的體驗，既然如此，爲什麽要因爲結婚而切斷這份高尚情操呢？

只不過如果妳將這種現象想成是同時擁有複數男友或複數丈夫，那可就顛倒是非了。只要妳能將女性性轉化爲男性性本質，則告别男女朋友關係後，你們仍是好朋友。而且你們交往那段時光的豐富回憶，仍不時會出現在妳腦海中。

「那段愛情使我如此成長。」

「那段愛情讓我學習到什麽。」

「那段歲月真是無悔的青春。」

像這樣，各有不同價值值得保留。

過去式的愛情被保留，現在式的友情持續著，我認爲這就是男女分手最佳方式。

越過失戀的關卡

我收到的女性投書，往往就是因無法如此説再見而困擾。大概都是「哭得傷心欲絶、沒心情工作、飯也吃不下」。

我想這是暫時性的情緒反應，愛不可能不摻一絲痛苦，也許一開始就愛上不該愛的人，分離的傷痛也是真情的象徵。

最可悲的是一段傷心期之後，還沒辦法振作，「我就是沒女人味，他才不喜歡我」、「我就是比不上那位女孩」等等，因失戀而看低自己價值的女性，我認爲是天底下最傻的人。

愛情很難講道理，二人分手是因爲相性不佳，妳一定可以找到一位最適合妳的對象。失戀時可以反省「自己是不是有什麼缺點」，當理出頭緒後便自我改進，但我絕對不贊成因失戀而自我貶低價值的人。

這一點在戀愛中亦然。

沈醉在戀愛中的女性，很容易被愛沖昏了頭，隨著對方的價值觀前進，不再用自己的頭腦思考，這是一個不爭的事實。

穿他認爲「合適」的服裝，梳他認爲「好看」的髮型，任何小事都隨他的價值觀而行動，好像沒有這個人就不知道自己該怎麼做了。

在這種情形下失戀，妳心中的破洞當然更大，只剩下一片空虛。

所以，請不要在戀愛中將自己原來的價值觀換成對方的價值觀。

即使相愛，也要確立自己的價值觀，這樣在失戀時才不致於迷失自己，在短暫的悲傷之後，妳一定可以再依照自己的步伐前進。

應該「放棄」那個人的時候

兩人相愛過了幾年，漸漸出現摩擦的經驗大概每個人都有過。

尤其是戀愛時間長，持續三、五年後，很可能中途有好幾次想「結束這種關係」。

這時候再注意他的優點，也許妳將有新發現。但如果只是單純因爲放棄眼前這些男朋友後，週末就没人陪之類細微的理由而讓愛情持續，那妳倒頭來終會後悔這段白費的光陰。

愛情應該考慮彼此的價值觀是否相契合，如果一開始就發現彼此呈反方向時，妳該怎麼辦？

答案只有一個。

儘早放棄吧！

也許妳試圖去改變他的價值觀，但那是很危險的事，因爲也許妳浪費了幾年青春，仍然無法改變他，這樣不是更痛苦嗎？

無論如何，能讓愛情提高自己的工作能力、讓自己在休息時更放鬆，才是聰明的妳該選擇的路。

如果因愛情而苦而悲，因愛情而讓心情不振，都是負面的選擇。

平日就訂定「放棄尺度」

當不得不考慮到放棄時，「放棄的尺度」地位就很重要了。

預先自我設定「放棄尺度」，當達到這個標準時，與其憂鬱苦悶，倒不如乾脆放棄，希望聰明的你事先有這種心理準備。

「放棄尺度」因人而異。

例如，昔日煙花柳巷中所謂的「錢盡緣也盡」，就是很清楚的尺度。

由於雙方關係建立在金錢上，所以當恩客無財時，藝旦就會毫不留戀地走開。

這當然不適用於一般女性，我想沒有女性因約會時他不付錢就離開他吧！

以下就介紹我的放棄尺度。

當女性努力提升自己能力時，出面反對、干涉、從中阻擾的男性，應該立刻離開他。

現代社會講究男女平等，但不少男性仍無法接受女性能力比自己好。

這些人不會因女性的上進而積極充實自己，反而出現嫉妒的心理。

這時妳必須運用更大的能量排除他的反感、嫉妒、阻擾，往自己的目標前進。

雖然不能像所謂「錢盡緣也盡」那樣明快，但至少應該認清自己的方向，不要讓自我進步的機會被女性的嫉妒、反感抹殺了。

離別的方式與心情

不知妳是以哪一種方式說再見。

老實說，現在寫這一段離我年齡遙遠的事很傷腦筋，但我有一位讀大學四年級的女兒，她以前失戀過。

我看她眼眶紅了好幾天，和朋友說話也是有氣無力地，她心裡一定很痛苦。

而這種道再見的方式，不是彼此溝通一、二天，說完再見就沒事了，也許煩惱要持續半年、一年，這種分離對她而言，真是一件大工程。

年紀愈輕，說再見就愈困難。

「一朝被蛇咬、十年怕草繩」，有些女性失敗過一次後，就對愛情過分小心。在我所知範圍內，就有好幾個這種例子。

因爲與一位戀人相性不佳、相處不睦，所以對男性就格外小心。就好像被熱湯燙到一口後，每喝一口湯就擔心被燙到，非等湯全冷了之後才敢喝，戀愛受挫時也會發生相同現象。

由於對一位男性失望，這種失望感很容易轉換爲對男性全體的反感或輕視。

「男人沒用」、「戀愛不適合自己」的想法只會害了自己

幾年前我曾翻譯美國二位精神分析醫師的臨床報告，報告中有這樣的例子。

經歷過一次失戀經驗的女性，造訪醫生時往往表現出輕視男人的口吻。

「男人根本沒有用，像我這麼好的女孩都不知道珍惜。」

只因爲曾經和數十萬人中的一位男性戀愛不順利，就一竿子打翻一船人，認爲「所有的男人都不好」。

這種認爲「男人沒用」的女性，是不是能受到男性的喜愛呢？

事實上，男性喜歡的女性是尊敬男性的女性，而非蔑視男性的女性，這是男性的「本能」。

「本能」就是「從言語表現、非言語表現各方面解讀出對方的尊敬之意」。

因此，只因一次失戀就痛心地表示「男人沒有用」或「我不適合談戀愛」的女性，很可能在不知不覺中錯失大好良機。

在男性眼中，這種女性過於膽怯、過於自我防衛，反而讓人不想接近。

分手是不得已的，但既然分手就不要再將心思浪費在無謂的煩惱與指責上，早日脫離分手陰影，才能迎接更美好的明天。

戀愛中的美好回憶妳可以保存在記憶中，但現在最重要的是向前看、往前走。

第七章
男性具有「營養」
——沒有白費的愛情

每遇一人必有所學

妳不覺得從男性之處學到很多嗎？

我本身體驗告訴我這個事實，從周圍活躍的女性身上，我也證明每一位女性遇到任何一位男性，均因此而成長、進步。

愛具有不可思議的力量，平日做不到的事情可藉愛情力量完成，這就是愛情魔力。

請想想妳每日的具體生活。

本來對網球一竅不通，但因爲他喜歡打網球，於是妳認真練習打網球，目的是爲了與他同樂。

以「想和他一起打網球」爲目標，妳的網球將進步神速，這是愛情以外的力量辦不到的。

再例如他在外商公司上班，偶爾要出席國際會議，但妳是個英語說得不怎麼樣的人。

當與他共進餐時，他會在談話中穿插外語，由於程度不夠，妳當然很多單字聽不懂，但總不能每個字都問他吧！於是妳下定決心努力學外語，以這種目標來練習，效果絕對比單純爲了興趣而學大多了，這也是神奇的愛情魔力才能辦到。

愛情力量讓我取得美術教師資格

再舉個比較切身，但與頭腦好壞沒什麼關係的進步例子。

假設他喜歡纖瘦型女性，而妳現在七五公斤，只要減掉七公斤就很完美了，這時妳會怎麼樣？

吃減肥食品三天、休息一天，第五天繼續吃、第八天又中斷的現象，我想不會再發生了。

「爲了他」，一定要持之以恒地減肥，即使再辛苦也不在乎，這就是愛情的力量。

像這種喜歡某個人後，在心中猛烈燃燒的火焰，威力相當驚人。

男性當然也一樣，當找到好女孩，希望和她結婚時，便會一改以前亂花錢的壞毛病，努力存錢的娶新娘，這不也是愛情魔力嗎？

在這種情況之下，每經歷一次戀愛，「必可學習一樣事情」，抱持這種心情置身於愛情中，妳會發現愛情原來如此有趣。

如果我將親身經歷全部公開，相信妳一定會笑得人仰馬翻，不過現在還不是時候，下次吧！在此只舉一個大學時代的例子與朋友分享。

我大學時代有一位男朋友是某著名美術館的合法繼承人。

當我拜訪他的雙親時，他們對我說：

「綾子小姐，如果妳在取得英語教師資格之外，還能取得美術教師的資格，那就太好了，因爲這樣對經營美術館有助益。」

我心裡也這麼認爲。信州大學教育學院英語系是我最初畢業的學校，但在這裡接受四年教育，只能讓我拿到高中英文教師資格。但如果我能在夜間部修習學分，也能拿到美術教師的資格，於是我下定決心走入完全陌生的領域。

終於經過四年學習，我取得了英語教師與美術教師的資格。爲什麼？爲了和他一起經營美術館。

即使愛情破鏡結束也……

但不論當時我多麼熱忱，這段戀情還是失敗了。

因爲當大學畢業時，我判斷自己的競爭場所是在東京，而非美術館所在地長野縣。

這決定對他而言當然是一大打擊，起初他認爲我是討厭他才飛往東京。

就在我耐心解釋後，他才稍微對我有了一點諒解，我也這麼地離開他身邊。現在想起來，即使愛情結局不完美，但我卻從中找到了美術這項興趣，並且取得教師資格，這不就是這段愛情的成就嗎？

實際與他交往中，他教了我不少有關美術作品的看法及美術知識，至今我仍感謝他，雖然分手，但彼此友誼仍在。

後來遇到的男朋友，讓我了解文學的趣味。他經常寫詩，從事島崎藤林等文學家的研究。以前只懂英語的我，至此才真正閱讀古典文學，並發現文學有趣的一面。

以這種心情持續至今，我依然保持每遇一位傑出男性，必定有所學的作業。學問深似海，每門學問均有其潛在精華與樂趣，不限於美術、文學等靜態學問，學習的目標還包含了商場技巧、工作方式、待人接物等等。

當妳發現周圍有走在時代尖端的男性，就儘量創造時間與他共餐或聊天，相信妳一定可以從他身上學到許多資訊。

我相信與出色的男性交往，一定能使我們更進步，男性可說是重要營養劑。從這層意義來看，即使愛情破鏡結局，也沒有一段愛情是白費的。

吸收力由自己決定

雖然是奇怪的現象，但事實就是事實，我只好照實寫出來。

我在實踐女子大學任教已經六年了，每年文化祭的時候，學生們總會說出同樣的話，而我也每一次都忍不住笑了出來。

「其他學校文化祭時前去參加，想著可不可以交到不錯的男朋友，可惜盡是些小孩子。」

學生們說著個個垂頭喪氣地回家。

爲什麼我覺得好笑呢？

聽見她們說「對方太幼稚」，好像自己很老練似的，其實她們本身也屬於「幼稚型」，也就是所謂的小女孩型。

我們不是經常說「別人就是自己的鏡子」嗎？當女性朋友表示周圍的人水準低、無聊時，是不是應該也回頭看看自己，其實自己沒價值、無聊之處何其多啊！就像自己指責他人一樣。

反之，平日努力自我鑽研的人，由於已經訓練了敏銳的感受性，所以在他校文化祭時，便可發現與自己內涵相當的好男性。

有時候會聽見她們表示，「認識一位很好的男孩」、「下次要和他一起去看攝影展」之類的話。

「我對攝影一竅不通，得趁這幾天惡補一下。」

看見他們愉快、朝氣的臉龐，我也感到滿足，「加油！」

以「自己仍有待學習，遇見有內涵的男性，一定要向他學習」的姿態出發，妳就能找到教學相長的對象。另一方面，自認「他們太幼稚，配不上我」的女性，則很難找到好對象。

「希望自己更好」的向上心吸引男性

還有一項值得注意的事。

那就是不要自認爲「現在的自己已經很好了」，應該將視線往上看，追尋更完美、更有魅力、更光輝的自己，熱心於自我鑽研、激勵的女性，身旁自然有提升妳程度的男性聚集。

這是必然的現象，當妳想學什麼的時候，很自然就會注意傾聽他人的談話內容，並向有專長的人求教，臉龐放射出耀人光芒。

這種女性在男性眼中不僅具有魅力，還散發出不可思議的「吸引力」，很自然地他們就靠過來了。

而妳「爲什麼？」「然後呢？」「再告訴我一點」的好奇心，對他而言是一種表現慾求的滿足，因爲發問代表妳仔細聽他説話。

任何人都有表現慾，誰會不被仔細傾聽自己説話的女性吸引呢？

因此對方會盡其所能地教妳，即使他不了解的部分，也會盡力找出答案後告訴妳，想想看，這樣的友誼不是很棒嗎？

總而言之，妳必須心存「想更豐富自己人生」的念頭，並不斷向周圍發出此訊號。

「多面人」具有魅力

人生真是多采多姿，光是一生經歷大學生、職業婦女、妻子等角色，就夠令人玩味的了，其中若再加入○○委員、○○地區義工、母親等各種角色，就真的是多采多姿的「多面人」了。

人類學家R・E・巴克說道：「我們人從出生起就以假面具生活，隨著環境改變做應該做的事，不論當社會人、家庭人，其特徵就是有多重面，人（person）與假面（persona）語源相同就是證明。」

日本世阿彌（一三六三～一四四三）在約六百年前，也說過同樣的話。世阿彌在『花傳書』中提到「不施脂粉的淨臉也有多面」這種思考。「不施脂粉的淨臉也有多面」，指的是站在舞台上有些不需擦脂粉的角色，稱爲「直面物」，世阿彌認爲「素淨的臉」比施脂粉的臉更難演。

這不也可以應用在日常生活中嗎？

我們每天生活中，就像隨時變換面具的演員一樣，有時演上班族、有時演妻子、有時演母親，一天中就表現出好幾面。

而且這不能戴上面具，只能靠心情的轉換，光是換衣服就已經夠受的了。

但即使再難受，多重角色總比有些人只扮演一個角色有趣多了。多重角色能得到多重體驗，也許是累了點，但實際上卻能增加妳的女性魅力。

選擇戀人也有「脫皮」

男女交往可使女性好奇心、向上心提高，換上許多新面具。另一方面，男性從二十二歲戴上第一個上班族面具後，就不再變化新面具，妳猜會怎麼樣？

很可惜，女性會認爲他「閱歷不夠」。

自己一層層地脫皮、一個個地戴上面具，而且在不同領域中享受愉快的經驗，而他呢？只在既定的上班圈子裡打轉，固定的人脈、固定的行動，久而久之，二人話題愈差愈多，他也很難了解妳。

此時若妳想認真向他說明是一個好方法，但如果沒辦法溝通，或時間不夠，或妳不想花時間在這上面，那麼結果將是妳一層層地脫皮，而他始終無法掙脫最初戴上的那副面具。

答案有二種。

一是雖然知道彼此有差距、有隔閡，但「還是喜歡他」。另一種是隨著自己陸陸續續體驗多面人生後，決定挑選戀人也要脫皮。

妳只能選擇一種結果。維持原狀？或挑選上一階段的戀人。

當妳決定脫皮後，妳會再選擇一位能教妳更多的男性，一旦妳想追求更深層境界，而現階段男性無法滿足妳時，妳又得從第二次愛中脫皮。

如此持續下去，妳所愛的對象程度將愈來愈高，但這種方式雖然具有挑戰性、攻擊性，往往也伴隨某種程度的痛苦。

如果妳選擇的是「雖有差異，仍然愛他」，則你們的交往就如享受春陽一樣溫暖，妳可以安心地讓舒適軟柔的愛情包圍。

戀愛歸戀愛，工作歸工作，兩方都應該在安定的心理狀態中進行。

要選擇激烈的脫皮型愛情，或者選擇柔和如綿羊毛般的愛情，我想必須由妳的性質、想法、過去戀愛經驗等各種條件自然決定。

不論妳選擇的是那一方，男性仍然是對妳我而言豐富的營養劑。

從平安的愛情中得到的溫和營養具有美味，從脫皮型愛情中獲得的實力、才能等營養，也相當具有魅力。聰明的妳一定懂得如何挑選最適合自己的營養，有時候也可以兩方替換。

這樣一來，「愛上那種人真白費我的青春」這種話，就不會再從妳的口中說出了。沒有白費的愛情，不是嗎？

第八章
拿一生當賭注的女性才氣

——沒有滿腹熱情開不了的道路

使「一切負數成爲正數」的綾子流秘密

前幾天和一位同期的女性牙醫師S小姐聊天時，二人注意到有趣的共通性，哇哈哈地笑了起來。

記得大學時代，由於家境貧窮，每當買回一塊麵包，便將中央白色部分挖出來，剩下的外側硬皮部分便是我的主餐。

那時候因爲貧窮，一個紅蘿蔔要分好幾天吃，當做維他命的補給源。我靠客串美術系模特兒及兼二個家教賺錢，收入差不多都花在補英文、買英文錄音帶方面，皮包總是空空如也。

談到這一段，現在已是眾多患者指定醫師的S小姐也哇哈哈地笑著說：

「我也是啊！那時真的是一貧如洗，要找一個有錢人都很困難。」

距今二十五年，當時有錢人家的子弟是不會唸信州大學這種國立大學的，所以周圍同學當中根本找不到有錢人。

由於大家都一樣窮，所以經常你點一樣菜、我點一樣菜，大家合著吃，那時候覺得能讀到大學已經很幸福了，隨便吃吃沒什麼關係。

現在環視周圍，發現不少熱衷於第一線工作的女性，也擁有這種樂觀心態。其特徵是明朗、大聲、常笑，即使有煩惱也不讓它影響明天的工作。就算有什麼不順利，睡一晚後就忘了，隔天早晨依然精神抖擻地出發。

不知是否「物以類聚」才使我周圍都是這種樂觀的朋友，不過從表現學的觀點來看，這種樂觀態度對於解決問題有助益。

樂觀者做正面思考

樂觀者容易有直接表現，就是有什麼說什麼，不會把事情積壓在肚子裡，由於自己如此，當然也希望對方如此。

這麼一來，樂觀者的周圍當然盡是樂觀朋友。

我不知道自己身旁的人是不是都很樂觀，但我知道他們都是經過一番考驗才達到成功地步的。

我有一位朋友樋口廣太郎先生，他是朝日啤酒會長，雖然朝日啤酒如今已衆所周知，但當初他爲了推展業務，根本煩惱得夜夜難眠，不僅是銷售競爭而已，還有對內的人員整理也很辛苦。

還有一位女性朋友開了一家知名布行，活躍於商場上，但在她成功之前，也辛苦地在那段斜坡滑上滑下，歷經掙扎後才爬上高峰。

這麼說起來，樂觀的人不會被負面體驗拉倒，可以說是轉負爲正的高手。

就像剛剛提及的那位女醫生，還有我大學時一些同學，大家都是在負面環境下自我求進步，面對辛苦環境卻甘之如飴。

想想看，在今日麵包種類繁多的狀況下，妳會認爲吐司皮配吐司肉很好吃嗎？

「我才不吃。」也許妳會這麼回答。

但如果在沒有其他食物的負面環境之下，我想答案又不一樣了。

從另一個角度來看，貧乏的負面條件，不正造成了食物美味可口的正面條件嗎？

利用負面條件擴大人脈

人脈方面的延伸亦是如此。

在鄉下待到二十二歲才上都市的我，論親戚只有一位住在八王子的叔叔，除此之外，既無朋友亦無前輩，完全成孤立狀態。

但就因爲如此，我的人生才更有趣。

一開始我在江戶川區立小松川第三中學任教英文，最開始接觸到的是英語科主任I先生，I先生是位樂觀豁達的人，自然不造作，而且挑戰心旺盛，總是探討有沒有什麼「新式教育法」，我隨時聽他發表對教學的觀感，並記錄重點。

另外還遇到麵店老板，一位單純率直的中年人。正好他的兒子在我班上，他純真地表示：「我兒子有什麼不好的地方，妳盡管教！」從那兒，我也學到許多當地人的生活習慣。

當時的教務主任也是一位很有趣的人，不甘於封閉於一個小小中學內，經常到東京聽演講或參加各種研習會，有時還會約幾位年輕老師到ＹＭＣＡ或ＹＷＣＡ「練習唱印地安歌曲」。

從信州隻身來到此地，在毫無人脈的情況下，我反而認識許多有趣的人，也因此，我珍惜這些朋友，他們在我生活中占重要地位。

一旦有誰要搬家，我就去幫忙；有誰生日，我就寫卡片祝賀；聖誕節那天我還親手做了一個心型蛋糕等等，在東京以「綾子流」創造人脈。

抱持著學習的心情，上京後我所遇到的每一個人，都成了我重要的老師。

另外我還有個習慣，只要認爲對方不錯，就努力與他交朋友，隨手將他說的重要事項記錄，回家後並不忘寫到日記上，我就像一張乾淨的紙遇到墨水一樣，盡情地吸收……。

假使我到東京之前，已經有一些親友或學長，恐怕就無法像這樣擴展人脈了。

換句話說，就是在毫無人脈的負面條件下，成就了創造新人脈的正面條件。

由於對一切新人物、事物注入熱情，所以連最初根本不可能做到的事，在周圍朋友的協助下，一點一滴地陸續完成。

空無一物時就會重視一切

之後，我結婚、生子，並成爲上智大學英文研究所第一位媽媽學生。

當時面試還碰到一位主考官故意問道：

「如果PTA和學校考試重疊，妳會參加那一項測驗？」

我不加思索地回答：

「兩者都參加。」

後來想想，那是不可能的事，當時我面對的主考官就是衆所周知的英文系名教授渡部昇一先生。

我聽見渡部教授小聲說：「不管怎麼樣，這種決心還不錯。」於是我勇氣大增，以開朗的心情完成口試（最近我和渡部老師談話，提及這一段，才知道他對我一點也沒印象，真失望）。

從事表現論研究是大約十年前的事，當時還停留在認爲自然表現最好的階段，絕大多數人不認爲這是一門值得特別學習的課程。當時著名的三菱總研牧野昇教授對我說道：「現在是從經濟中心走到人際中心的時代，就算只剩我一個人，我也要繼續研究。」這一番話對我而言，無異是一大激勵。

儘管遭受古板編輯人員及大學老師的反對，但只要一想到牧野老師的話，我就有股不懼一切往前衝的執著心，但很奇怪，最近牧野老師卻說：「我說過這麼有學問的話嗎？自己都忘了。」

去年我設立「國際表現學會」後，請渡部昇一教授擔任評議員，牧野教授則任特別顧問。

二位教授都不記得曾經對我說過影響我一生至鉅的話，這該怎麼說才好呢？

也許當時可說是一張白紙的我，對他人而言並不是什麼負擔，所以他們不必煩惱該如何對我說話，也沒想到脫口而出的話對我而言竟是如此重要，而我就是在此激勵下前進、成長。

換言之，就是在沒有任何支持的負面狀態下，才會感謝偶然聽見的良言。除了永遠不忘之外，還有滿心感謝，我會更努力地勇往直前。

在缺乏的狀態下，只要得到一點鼓勵就會好好珍惜。假使條件齊備，就不可如此了。

總而言之，負面狀態下才能令人仔細玩味周圍人的善意。

如果體會出他人的善意，就請熱情地與之交往，這才是使自己開朗的秘訣。

悔恨是彈簧，逆境是助力

飢餓精神在物質豐富的今天，大概很難發現，但我卻持不同的看法。

拳擊手石松先生曾在『日經金錢』雜誌上說道：

「沒辦法比別人更强，收入就相對減少，真是後悔，但後悔是現在我的彈簧。」

豬木先生也在同一本雜誌上說道：

「高中時我曾在田裡辛苦地工作，有一次手被割傷，血流如注。就是當時貧窮與辛苦的環境，造就了今天的我。」

從現實例子裡，我們可以發現許多成功者，都有悔恨的經驗，而這些悔恨經驗就像一個彈簧，造就了他們今日的成功。

例如，你失戀了，事後對於自己的粗野言語非常悔恨，那麼你今後就會格外小心自己的言詞。

或者你發現到自己的舉止不太雅觀，則此後你就會研究自己的舉止，努力塑造優美的自己。

如上所述，日常生活中有許多悔恨的經驗，反而成爲我們的助力。

悔恨若不與正面行動結合就無意義

這句話是已故某出版社社長所說的。

他三歲就與父母分離，被送往遠方親戚家生活，在極貧困的生活中，努力開創自己的道路，終於成立一家出版社。

「將悔恨當成彈簧是很好的一件事，因爲對貧乏非常悔恨，你便會努力在這世上爭一口氣，但並不是每個人都可以藉這個彈簧往上跳。」

當一個人對貧乏、屈辱厭惡到極點時，便會不時對自己說，一定要出人頭地。另也有些人在貧乏狀態下，被辛苦的經驗打垮，愈來愈喪失鬥志，甚至自怨自艾、自甘墮落。的確如此，就有人在艱困的體驗中倒下，從此陷入往返監獄的日子。但就我所知範圍，能因過去悔恨的經驗而往上躍進的人，還是佔大部分。

這時唯一的條件是，必須在悔恨中讓自己的熱情燃燒。

而且不可以「一直回頭看那段歲月」，因爲假使你只是回首而不行動，那根本一點意義也沒有，應該將最大力氣放在開發未來。

既然對以往悔恨，那現在該怎麼做呢？了解自己、下定決心，不管路途多艱難，都不要退縮。

即使別人笑你也沒關係，這種堅決的意識對妳踏出第一步很重要。

只要注入熱情，沒有開創不了的道路。

就算是頑固的上司，在你一而再、再而三的熱情進攻下，相信他的態度也會趨於緩和。在貧乏的狀況下，只要你保持破繭而出的熱情，相信你一定可以得到豐收，而且在不知不覺中發現自己一點也不貧乏。

不會將悔恨當成彈簧的人，可以說是沒有在悔恨中注入熱情的人。

「正直」力量最強

你和他人說話時，是努力裝飾自己，還是有什麼說什麼，讓對方看到你率直的一面？

你喜歡那一種人？答案很簡單。

裝飾自己的人令人討厭。

大約十年前，我曾在一家咖啡店邊喝咖啡邊認真地寫稿。

當時我身兼數職，家庭主婦、母親、翻譯，還在上智大學修博士課程。

那天我白天上完課，下午五點與人有約，地點也是在四谷，如果上完課後趕回家，下午再趕來赴約，有點浪費時間，所以便在附近咖啡店趕稿。

我專心寫稿，根本無暇注意周遭事物，叫了一杯咖啡後，便埋首於稿紙上。

就這樣過了三小時，咖啡店進來三位女性，說話聲音很吵。

而且談話內容好像是關於我女兒就讀之F學園的媽媽們的事。

於是我停下稿紙工作，開始記錄他們談話內容。

爲什麼我要這麼做呢？因爲我認爲這值得寫出來做爲女性朋友的教訓。

他們從對自己的小孩感到驕傲開始，接著炫耀自己的老公工作多棒、收入多高。

其中一位女性說：

「今年夏天我們在箱根別墅玩了十天。」

接著第二位女性說：

「我家在箱根沒有別墅，不過每年我們全家都會到夏威夷的別墅渡假。」

第三位女性說道：

「我啊！夏威夷沒去過，箱根也沒去過，因爲家裡太大了，在家享受就夠了，想想看，五十坪土地上蓋三層樓，光是走完一趟都很累。」

再往下聽，她們的話題不外乎小孩、丈夫、土地、房子，始終在炫耀附屬於自己的外在事物，根本不觸及本身問題。

而且更好玩的是，當其中一人說出什麼，接下來的人一定說得比她更好，第三位發言者跟著再加上一層，令人感到無限的虛榮心。

事實上，五十坪土地蓋三層樓是事實，但卻不必說得如此虛榮，好像在說「我家很富有」似的，何必讓虛榮心左右自己的言行呢？

交不到好朋友、無法擴展人脈的人

我覺得這幾個人真的很無聊，聽他們如此炫耀丈夫、小孩、土地、房子，我很想問問她們：「那麼妳本身如何？」

談談自己現在學些什麼、有什麼樂趣、自己從事什麼工作、有什麼問題等等，我認爲更肯定自己價值的談話不是更有趣嗎？

對於自己本身沒有任何一點具體的驕傲，只炫耀自己周圍的狀況，難道這就是女人的一生？

不管怎麼說，如果這種虛榮的內容是事實還好，但傷腦筋的是，這些裝飾之物往往言過其實，而且好像越說越順口。

一旦裝飾被取下，露出本來面目，這個人就喪失信用了，反而會遭來四周議論，「什麼嘛！真虛僞」，自己反倒被看輕。

交不到好朋友、無法擴展人脈的女性，多半是這種虛榮心强的人。

「虛榮」為失敗之本

茲舉社會學者艾克森所寫的『自己』一書中的一節供各位參考。

他主張自己要像自己，而不要成爲他人的影子，爲了固定自己在他人眼中的形象，有三項條件。

第一是統一性；第二是繼續性；第三是要有檢查的眼睛。

統一性是設定自己是這樣的人後，就必須從頭到腳完全統一。

第二繼續性，假設今天表現是富有的貴族階級，明天卻變成爲生活煩惱的家庭主婦，那麼那個人的「自己」就沒信用。

最後所謂檢查的眼睛，就是要隨時確認自己在他人眼中的形象。

如果這三項條件不齊全，就表示我們映在他人眼中的自己不安定。

當妳虛僞裝飾自己一次後，今後就不得不繼續虛僞裝飾下去。

例如，你對他人宣稱自己每天非吃什麼不可，即使你不想吃，也非吃不可。你口口聲聲說自己一年捐獻多少錢，你就非捐獻不可。

虛榮就像鍍金一樣，會因某些原因而剝落，如果是純金，就一定有統一性、繼續性，而且不論怎麼剝，裡面始終是金。

總而言之，請各位朋友堅持讓對方看見「現在的我就是這樣」。

不僅物理上如此，知識亦是如此，「不知道」就說不知道，這樣反而輕鬆。

清楚讓對方知道，我的知識僅於此，接下來就不懂了，請你教我。這樣比誇大自己的知識、教養能力要來得踏實多了，心裡踏實做事才不容易出差錯，對於不懂的部分則努力學習。

「知之爲知之，不知爲不知」，抱持這種心態才能從周圍吸收更多資訊。

第九章 全力去愛

——傳遞愛的方法

不要吝於稱讚「對方的魅力」

當你感覺對方真棒的時候，是不是直接向他說出：「你真棒！」

如果答案是肯定的，我相信你一定能交到很不錯的戀人及朋友。

但事實上，這麼單純的事卻有許多人做不到。

尤其是日本中年男性更是如此，即使看見對方穿著打扮不錯，也不敢直言「真好看」，而表現出想看又不太敢看的樣子。當吃到美味的食物，也不願坦白地表示「太好吃了」，好像「你看我的表情就應該知道我心裡想什麼」的態度。

這種表現方式真傷腦筋，事實上也是他們自己的損失，因爲每一個人都希望有人稱讚自己的優點，這是很自然的心靈悸動。

最近在以京都四三〇位女性爲對象的調查中，問她們：

「在公司這一年，妳什麼時候最快樂？」

結果榜首不是「加薪」，也不是「工作成功」，而是「被上司褒獎時」。

當自己的能力受肯定，並且得到直接褒獎時，我們心裡多快樂啊！

女性如此，男性理應也如此，所以希望妳不要吝於對他人發出稱讚。

當對方有值得稱讚的行為時，一定要率直地表達出自己內心的讚美。

假設男朋友很少送禮物給妳，有一天他買了一條圍巾送妳。

當妳滿心期待打開一看，圍巾的花色妳不太喜歡，而且不適合自己時，該怎麼辦？

當然不能盯著那條圍巾說：「你真不會挑。」

圍巾好不好看、適不適合妳，現在不必急於決定，等妳獨自一人時再慢慢思考。

這時希望妳大聲地說：

「為了我，讓你花時間、金錢，買這麼漂亮的圍巾送我，真感動！」

如果許可，還希望妳以實際行動表達謝意，譬如拉著他的手說話，或給他一個吻。

這種表現傳達的訊息是，「你對我這麼好，我也會回報你」。

一隻眼看對方缺點、一隻眼看對方優點

就像剛剛女性回答「最高興上司褒獎」一樣，男性雖然表面堅强，內心卻衷心盼望女性的褒獎，尤其是最愛的女性。

自己的工作或行為受到妳的褒獎，表示得到妳的認同，他會永遠放在心上。

世界上沒有人受褒獎會感到不愉快的，所以妳應該盡力褒獎對方。

即使他對妳的些微好意，妳也應該表示謝意。

但不是說聲「謝謝」就夠了，應該讓他知道「我接受你的好意，也同樣會以此回報你」，這對他而言是一種新的鼓勵。

愛情是不可思議的，只有在相互付出後，才能提二人之間的密度。

看見妳喜悅的表情，他會想，「下次一定要再給妳嶄新的驚奇」，因爲對方的稱讚與喜悅爲他注入新活力，成了二人愛情的潤滑劑。

男女相處哲學就是，睜大眼睛看對方的優點，至於對方的缺點呢？就睜一隻眼閉一隻眼吧！

「眞正的溫柔」如何傳達？如何看淸？

我有一位學生幾年前與一位中年男性交往。

當時她內心幾度想中止這段戀情。

「老師，他真的很溫柔，當我悲傷時他就陪著我一起哭泣。」

我聽了有點生氣地說道：

「他陪妳哭有什麼用?難道是希望與妳共同分擔悲傷。」

接著我又告訴她：

「男人陪女人哭不是不可以，但總是不好，因爲於事無補嘛！」

的確，對於妳的不幸，有人陪著妳掉眼淚會讓妳感到有依靠，感到他是一個溫柔的男性，一個人的眼淚總沒有二個人的眼淚來得甘美，就像令人肝腸寸斷的悲劇電影一樣。

但最重要的是，哭泣之後是不是能對妳有些具體的幫助。

真正的溫柔決不是在妳悲傷時，拉起妳的小手隨妳哭泣。

在情緒發洩完之後，他是否有解決問題的智慧與行動，才是問題所在。而且不但男性應當如此，女性也應具備這種解決問題的能力。

一起悲傷、痛苦當中，他如果能想出解決方法還好，但如果他無此能力——譬如太年輕無法解決問題時，該怎麼辦?

除了陪妳哭以外，現實問題一點也幫不上忙，我想這對現代女性而言不是真正的溫柔。

愛一個人往往必須承受雙倍的悲苦，因爲自己失敗時悲，對方失敗時也悲。

但反過來說，如果彼此能從失敗中得到教訓，檢討本身的缺點，那就成了雙倍收穫，我認爲這才是真正愛的表現。

不是光是流淚，說一些「你真可憐」、「我也很傷心」之類無用的話，想想自己該怎麼做才能幫助他，這才叫真愛。

說「不」的勇氣

對於他人的請託，說「好」很容易。

要說「我辦不到」或「這種事沒辦法幫你」，就需要一些勇氣了。

當我們愛上某個人時，心裡的防禦本能便開始作用，那就是「這種話說出來讓他討厭就糟了」。

愈喜歡對方，這種心情就愈强烈，並且不論年齡大小一直影響我們的行動。

年輕時一起出遊，當他表示「今晚住在這裡」時，雖然妳今天很想回家，但一想到一旦拒絕就可能失去他的愛，妳往往會遷就他。

或者婚後愛喝酒的丈夫希望「再喝一杯時」，當妻子的爲了擔心他的血壓上升，不得不阻止他喝酒。

但如果直接說「不可以」，很可能引起丈夫不悅，這時如果改口「那麼再喝半杯就好」，雙方的關係就不會出現摩擦。

愈愛他就愈怕失去他，由於害怕對方不高興，妳可能很難對他說「不」。

但妳不說「不」而向他妥協，往往只會害苦了自己，他也不見得會感謝妳。

不想與他共宿卻與他共宿，可能造成妳工作上的障礙，或者自己輕視自己、討厭自己，或者更害怕失去他，這些都是不說「不」所造成的。

上了年紀之後，像剛剛飲酒的例子，如果妳每天都說「再半杯就好」，很可能造成丈夫血壓上升，也讓自己陷於自責中。

等到他入院時，妳才後悔，如果當初他想喝酒時堅持不讓他喝，就不會這樣了。

說「不」但不全面否定

在生意上可以說「不」，但面對愛人就很難說出口，相信每個人都了解自己心裡的這種律動，所以請妳堅持說「不」的勇氣。

這時候有一個方法，就是對於這件事說「不」，但清楚表示不是對於其人格的否定。

「今晚不能住在這裡，我想○月○日那天就可以留下來。」

「不讓你喝酒是擔心你血壓高，等血壓降下來時一定讓你喝。」

像這種非全面否定的拒絕，也就是附帶條件的「不」，比較能讓對方接受。

應該說「不」的時候就要毅然決然地說「不」，而且要對彼此感情有信心。

只要妳相信自己深愛對方，而且說「不」是基於真實理由，而不是要破壞愛情，那妳就能毫不心虛地在該拒絕時說「不」。

總而言之，會說「不」的人，不就是對愛情有自信的人嗎？

第十章
「認眞去愛」

——馬馬虎虎的愛情沒有結果

愛情能量無限

烹飪時打開瓦斯爐、電磁爐、微波爐，這些能源都是有限的，終有用盡的時候。

妳會說：「我知道啊！」

那麼，愛的能源呢？

是不是也能在你全心全意愛他之後說：

「我的能源用完了。」

愛的能量是無限的，不論妳怎麼用都用不完，這正是愛情不可思議的力量。

學生時代有一位在政治運動中大放異彩的同學L小姐，當時她愛上一位有婦之夫。

那位女性是她日本舞老師，而L小姐本身出現什麼變化呢？

她開始學裁縫，並爲他縫浴衣，甚至和服。

這令我很吃驚，因爲在遇見他之前，裁縫對她而言根本不存在，洋裁已經很困難了，何況她還學和裁，並且縫製日式浴衣、和服。

不但如此，她還學習茶道，並取得證書，而且在他的公司幫忙處理文書、接電話等等，以驚人的體力表達獻身之意。

我和她很熟，屢次勸她不要這麼做。

「這麼賣力，總有一天會倒下去。」

但她不聽，依然對他奉獻心力。

而他呢？雖然有妻子，但卻非常認真地教L小姐日本舞以表達他的愛意。雙方都頻於才藝學習，往往到深夜才能休息。

就這樣，二人以日本舞爲維繫感情的線，而且感情密度令人難以置信。

直到有一天他生病入院，這段愛情才終止。之後她滿足地表示：

「珍貴的大學生活，幾乎有二年時間花在他身上，但絲毫不後悔。」

而且她還說：

「那麼困難的事我都辦到了，還有什麼事我辦不到嗎？」

沒錯，這段期間她完全奉獻，當學人、情人，學茶道、日本舞、和裁，甚至爲他犧牲了原本最熱衷的政治活動。

在這段日子裡，她盡力付出愛，也全心吸收對方的愛，當然無怨無悔。

而且，那段艱苦的生活，給了往後的她很大自信，「那些我都做得到，還有什麼做不到的」，這種話屢次從她口中脫出。

現在我們每年見一次面，她還是對任何事情都全力以赴，就是因爲注入熱情，結果當然每件事都能成功。

這種潛在不可思議的力量，就是從徹底愛與被愛中衍生出來的。

「馬馬虎虎的愛」只能得到「馬馬虎虎的情」

瓦斯、電力等等源有用盡的時候，愛情可就不同了。

將自己擺在安全圈中，有時間時才與他交往、有力氣時才與他約會，這種「馬馬虎虎的愛」老實說不會有什麼好結果。

被愛很幸福，但不要吝惜地全力愛對方，才能產生互動的效果。

因爲從這種愛情當中，我們可以掌握對於生存的自信。

而全心全意的愛情經驗，也是支撐我們往後人生的偉大力量。

「塡補的愛」是空虛的

咖啡杯没有了，可以用紅茶杯代替，米飯没有了，可以改吃麵條，但傷腦筋的是，最近將這種法則適用在愛情上的女性增加不少。

也就是「現在交往的對象不是自己真心喜歡的對象，而是身邊總得有個人之下的產物」。

可以說是一種湊合的愛情。

好像參加舞會、聚會等若没人接送，就減低自己的價值似的，於是隨便找個伴侶。

有些不成熟的女性認爲，出門時身旁如果缺少護花使者，就會給人「這女孩不行」的貧弱印象，所以一定得找個人當伴。

在這種情況之下，即使你和他在一起，也隨時注意身邊其他男性。

這種現象當然逃不過他的眼睛。

於是他也會以其人之道還治其身。

「好，既然妳不真心對我，那我也只好騎馬找馬了。」

由於女性只當他是填補的愛情，又怎麼能期待他更多的愛呢？

例如下面這種情形。

妳將參加一個舞會，由於擔心身邊沒男伴，於是妳找A先生湊合湊合，而這個A先生也是幾天前才和女友分手，於是二人互補空虛。

其實就我所知的女性學生當中，不少人將交往男性分爲A、B二階段。

A是可以考慮成爲結婚對象者，B是在適當情形下當自己伴侶的人。

她實際上喜歡A，但如果A的情況不許可時，她便轉向要求B。

也就是她同時與A、B兩人交往，以A爲優先考慮對象，B只是填補A的空隙而已，只要A沒問題，則她立刻停止與B的關係。

我對現代女性這種現象相當驚愕，對B而言，這真是一大侮辱。

這種以自己爲中心的功利型思考方式，只要男性略加留意即可看出。

男女眞正的愛情是從一對一開始

「如果他沒發現，這種『填補的愛』又有什麼關係呢？」

也許有人這麼認爲，但這根本是一種背信行爲。

我們人類不光用口表現，其他各種非言語表現也會傳達各種訊息。

例如，約會遲到而不在乎、約好後取消的情形不斷出現等等，總有一天他會發覺妳只當他是「填補的愛」。

這時候他會怎麼做？當然也不再對妳付出真心，只當妳是「填補的愛」。

有朝一日當妳爲他有複數女友而生氣時，是不是應該先責備自己。

在二人相愛的世界裡，請不要向其他男性有愛的表示。

恕我直言，如果不能讓一位男性徹底地愛，則這位女性往往會淪爲被其他男性利用的對象，最後只有不斷地被拋棄。

想想看就知道，一下子和這個人在一起、一下子和那個人在一起，最後純白木綿花都變成没人想要的茶色了。這就是遊戲愛情者的下場。

對於現在交往對象心存尊敬、全心全意地愛他，真正的愛情是從一對一開始，絕對不可能同時進行複數愛情，這是我堅決的主張。

爲誰而愛？

本書與妳一起討論認真愛人、認真被愛的叙述已經將近尾聲。

最後不可忽略的就是：

「爲誰而愛？·爲誰而被愛？」

這個大問題。

妳喜歡他、愛他，當然希望了解他的全部，希望他的時間全部給自己，希望他的心永遠向著自己。

妳當然不希望別人搶走他，不允許其他女性進駐他的心中，這是很自然的律動。

但我們女性很容易搞錯的是獨占慾——希望某人身心百分之百屬於自己的慾望，以及將對他人的愛和對自己本身的愛混淆。

事實上，男性的這種獨占慾也很强，不允許其他男性奪走心愛的女性，從「希望結婚成家」這個單純的構圖，就可以了解男性的心理。

以「他的幸福就是我的幸福」為思考基準

不過在女性心中，還有連自己也克服不了的强烈獨占慾。

試著想想下列情景。

當男朋友熱衷於工作，或和同事相處而冷落了妳的時候，妳是不是會嘟著嘴問他：「我和工作哪一樣重要？」或「你有時間陪朋友，就沒時間陪我嗎？」

說這種話就是因爲妳對他的時間、心靈、能源，均抱持獨占心理，而這種心理律動狀態，已經不是妳所能控制的了。

這時候，如果妳發現他和辦公室女同事一起喝茶，那就更糟糕了。

此時妳心將失去平衡，並不斷地想像，想像他變心、愛上其他女性。

這麼一來，妳無心於工作，整天茶不思飯不想，自己對著自己哭泣。

這就是弄錯愛情與獨占慾的結果。

愛並非佔有，真正愛他就應該以他的幸福爲自己的幸福，讓他盡情發揮他的潛能，妳則在一旁給他鼓勵、支持。

如果他熱衷於工作、與朋友相處對他而言很幸福，那妳又爲什麼要剝奪他的幸福呢？

妳對他的了解一定會獲得他的感動，並且認爲：

「妳這麼了解我，我一定要加倍愛妳。」

只要換個角度想，什麼都會改善的。

如此一來，妳就可以更安心地愛一位男性。

而且這種愛情可以衍生爲長期、永恒的愛。

總而言之，愛人這項大事業，是以「愛」爲基礎來滿足自己的佔有慾。

真正愛一個人，是爲了對方而愛，而不是爲了滿足自己的佔有慾而愛。

體會這個道理後，妳就真的學會成熟的愛情了。

爲誰被愛？

「爲誰而愛」，答案已如前所述，爲了對方的幸福而愛。

另一個問題是，「爲誰被愛？」

每個人都愛自己，單純地說，每個人都希望自己被稱讚、被認同、被鼓勵，希望他人與自己分享悲傷與喜悅，這就是「希望愛」。

而這種愛的冀求會習慣成性。

當愛的冀求達到某階段後，會希望更强烈的愛，再達到某階段後，又會希望更上一層的愛。因此不論對方多麼愛妳，妳都希望對方更愛妳。

站在對方的立場而言，這是很大的負擔。

於是他會出現想逃跑的慾望，妳察覺到後，又追得更緊了。

這種方式的愛情絕對錯誤，一旦妳令他感覺愛得有負擔，不論妳多麼滿足，都是不合理的愛，這種愛如何維持長久呢？

請妳再想想看，到底爲誰被愛。

是爲了滿足妳愛的冀求嗎？這當然是答案，但如果這是唯一答案，可就不好了。

全心愛人、認眞被愛

妳被愛，也就是有位愛妳的「那個人」。

而他給妳各種愛。對於他的愛情，不論大小表示，妳都予以回應、感謝，並從表情、動作表現出妳對這份愛的感動，這是一種反射性的動作。

反之，被愛之後就像坐雲霄飛車般，有種不踏實的感覺，愛的需求愈來愈强烈，無論他如何表示妳都不滿足，結果只惹得對方討厭妳。

因爲妳只爲自己本身的私慾而被愛，從妳的行爲看不出妳對他的尊敬、感謝等反射動作。

被愛雖然聽起來是被動性的，但卻能主動愛對方這個動作來回應。

例如，覺得自己有不足，便想辦法讓自己更具魅力，就以要求他更愛妳的心情，要求自己更愛他，不要吝惜付出妳的愛回報他的愛。

被愛的瞬間不論一分鐘也好，十年也好，都一定要徹底地被愛。

不要三心二意，相信自己的直覺，選擇他，就專心於他。

在相愛的歲月裡，將他當成妳的摯愛，也讓自己成爲他的最愛。

享受被愛的幸福，雙手擁抱愛人的喜悅，兩情至此，夫復何求！

「戰戰兢兢的愛」不適合年輕的妳，也不適合已經不年輕的我。

「請真心被愛」。

這是我向妳所傳達最深切的訊息，其中也添加了過來人的友情。

大展出版社有限公司	圖書目錄
地址：台北市北投區11204 致遠一路二段12巷1號 郵撥： 0166955～1	電話：(02) 8236031 8236033 傳眞：(02) 8272069

• 法律專欄連載 • 電腦編號 58

台大法學院 法律學系／策劃 法律服務社／編著

①別讓您的權利睡著了[1]	200元
②別讓您的權利睡著了[2]	200元

• 秘傳占卜系列 • 電腦編號 14

①手相術	淺野八郎著	150元
②人相術	淺野八郎著	150元
③西洋占星術	淺野八郎著	150元
④中國神奇占卜	淺野八郎著	150元
⑤夢判斷	淺野八郎著	150元
⑥前世、來世占卜	淺野八郎著	150元
⑦法國式血型學	淺野八郎著	150元
⑧靈感、符咒學	淺野八郎著	150元
⑨紙牌占卜學	淺野八郎著	150元
⑩ＥＳＰ超能力占卜	淺野八郎著	150元
⑪猶太數的秘術	淺野八郎著	150元
⑫新心理測驗	淺野八郎著	160元

• 趣味心理講座 • 電腦編號 15

①性格測驗１	探索男與女	淺野八郎著	140元
②性格測驗２	透視人心奧秘	淺野八郎著	140元
③性格測驗３	發現陌生的自己	淺野八郎著	140元
④性格測驗４	發現你的真面目	淺野八郎著	140元
⑤性格測驗５	讓你們吃驚	淺野八郎著	140元
⑥性格測驗６	洞穿心理盲點	淺野八郎著	140元
⑦性格測驗７	探索對方心理	淺野八郎著	140元
⑧性格測驗８	由吃認識自己	淺野八郎著	140元
⑨性格測驗９	戀愛知多少	淺野八郎著	160元

⑩性格測驗10	由裝扮瞭解人心	淺野八郎著	140元
⑪性格測驗11	敲開內心玄機	淺野八郎著	140元
⑫性格測驗12	透視你的未來	淺野八郎著	140元
⑬血型與你的一生		淺野八郎著	160元
⑭趣味推理遊戲		淺野八郎著	160元
⑮行爲語言解析		淺野八郎著	160元

•婦幼天地• 電腦編號16

①八萬人減肥成果	黃靜香譯	180元
②三分鐘減肥體操	楊鴻儒譯	150元
③窈窕淑女美髮秘訣	柯素娥譯	130元
④使妳更迷人	成　玉譯	130元
⑤女性的更年期	官舒妍編譯	160元
⑥胎內育兒法	李玉瓊編譯	150元
⑦早產兒袋鼠式護理	唐岱蘭譯	200元
⑧初次懷孕與生產	婦幼天地編譯組	180元
⑨初次育兒12個月	婦幼天地編譯組	180元
⑩斷乳食與幼兒食	婦幼天地編譯組	180元
⑪培養幼兒能力與性向	婦幼天地編譯組	180元
⑫培養幼兒創造力的玩具與遊戲	婦幼天地編譯組	180元
⑬幼兒的症狀與疾病	婦幼天地編譯組	180元
⑭腿部苗條健美法	婦幼天地編譯組	180元
⑮女性腰痛別忽視	婦幼天地編譯組	150元
⑯舒展身心體操術	李玉瓊編譯	130元
⑰三分鐘臉部體操	趙薇妮著	160元
⑱生動的笑容表情術	趙薇妮著	160元
⑲心曠神怡減肥法	川津祐介著	130元
⑳內衣使妳更美麗	陳玄茹譯	130元
㉑瑜伽美姿美容	黃靜香編著	150元
㉒高雅女性裝扮學	陳珮玲譯	180元
㉓蠶糞肌膚美顏法	坂梨秀子著	160元
㉔認識妳的身體	李玉瓊譯	160元
㉕產後恢復苗條體態	居理安•芙萊喬著	200元
㉖正確護髮美容法	山崎伊久江著	180元
㉗安琪拉美姿養生學	安琪拉蘭斯博瑞著	180元
㉘女體性醫學剖析	增田豐著	220元
㉙懷孕與生產剖析	岡部綾子著	180元
㉚斷奶後的健康育兒	東城百合子著	220元
㉛引出孩子幹勁的責罵藝術	多湖輝著	170元
㉜培養孩子獨立的藝術	多湖輝著	170元

㉝子宮肌瘤與卵巢囊腫	陳秀琳編著	180元
㉞下半身減肥法	納他夏・史達賓著	180元
㉟女性自然美容法	吳雅菁編著	180元
㊱再也不發胖	池園悅太郎著	170元
㊲生男生女控制術	中垣勝裕著	220元
㊳使妳的肌膚更亮麗	楊　皓編著	170元

・青 春 天 地・電腦編號 17

①A血型與星座	柯素娥編譯	120元
②B血型與星座	柯素娥編譯	120元
③O血型與星座	柯素娥編譯	120元
④AB血型與星座	柯素娥編譯	120元
⑤青春期性教室	呂貴嵐編譯	130元
⑥事半功倍讀書法	王毅希編譯	150元
⑦難解數學破題	宋釗宜編譯	130元
⑧速算解題技巧	宋釗宜編譯	130元
⑨小論文寫作秘訣	林顯茂編譯	120元
⑪中學生野外遊戲	熊谷康編著	120元
⑫恐怖極短篇	柯素娥編譯	130元
⑬恐怖夜話	小毛驢編譯	130元
⑭恐怖幽默短篇	小毛驢編譯	120元
⑮黑色幽默短篇	小毛驢編譯	120元
⑯靈異怪談	小毛驢編譯	130元
⑰錯覺遊戲	小毛驢編譯	130元
⑱整人遊戲	小毛驢編著	150元
⑲有趣的超常識	柯素娥編譯	130元
⑳哦！原來如此	林慶旺編譯	130元
㉑趣味競賽100種	劉名揚編譯	120元
㉒數學謎題入門	宋釗宜編譯	150元
㉓數學謎題解析	宋釗宜編譯	150元
㉔透視男女心理	林慶旺編譯	120元
㉕少女情懷的自白	李桂蘭編譯	120元
㉖由兄弟姊妹看命運	李玉瓊編譯	130元
㉗趣味的科學魔術	林慶旺編譯	150元
㉘趣味的心理實驗室	李燕玲編譯	150元
㉙愛與性心理測驗	小毛驢編譯	130元
㉚刑案推理解謎	小毛驢編譯	130元
㉛偵探常識推理	小毛驢編譯	130元
㉜偵探常識解謎	小毛驢編譯	130元
㉝偵探推理遊戲	小毛驢編譯	130元

㉞趣味的超魔術	廖玉山編著	150元
㉟趣味的珍奇發明	柯素娥編著	150元
㊱登山用具與技巧	陳瑞菊編著	150元

・健康天地・電腦編號 18

①壓力的預防與治療	柯素娥編譯	130元
②超科學氣的魔力	柯素娥編譯	130元
③尿療法治病的神奇	中尾良一著	130元
④鐵證如山的尿療法奇蹟	廖玉山譯	120元
⑤一日斷食健康法	葉慈容編譯	150元
⑥胃部強健法	陳炳崑譯	120元
⑦癌症早期檢查法	廖松濤譯	160元
⑧老人痴呆症防止法	柯素娥編譯	130元
⑨松葉汁健康飲料	陳麗芬編譯	130元
⑩揉肚臍健康法	永井秋夫著	150元
⑪過勞死、猝死的預防	卓秀貞編譯	130元
⑫高血壓治療與飲食	藤山順豐著	150元
⑬老人看護指南	柯素娥編譯	150元
⑭美容外科淺談	楊啟宏著	150元
⑮美容外科新境界	楊啟宏著	150元
⑯鹽是天然的醫生	西英司郎著	140元
⑰年輕十歲不是夢	梁瑞麟譯	200元
⑱茶料理治百病	桑野和民著	180元
⑲綠茶治病寶典	桑野和民著	150元
⑳杜仲茶養顏減肥法	西田博著	150元
㉑蜂膠驚人療效	瀨長良三郎著	150元
㉒蜂膠治百病	瀨長良三郎著	180元
㉓醫藥與生活	鄭炳全著	180元
㉔鈣長生寶典	落合敏著	180元
㉕大蒜長生寶典	木下繁太郎著	160元
㉖居家自我健康檢查	石川恭三著	160元
㉗永恒的健康人生	李秀鈴譯	200元
㉘大豆卵磷脂長生寶典	劉雪卿譯	150元
㉙芳香療法	梁艾琳譯	160元
㉚醋長生寶典	柯素娥譯	180元
㉛從星座透視健康	席拉・吉蒂斯著	180元
㉜愉悅自在保健學	野本二士夫著	160元
㉝裸睡健康法	丸山淳士等著	160元
㉞糖尿病預防與治療	藤田順豐著	180元
㉟維他命長生寶典	菅原明子著	180元

㊱維他命C新效果	鐘文訓編	150元
㊲手、腳病理按摩	堤芳朗著	160元
㊳AIDS瞭解與預防	彼得塔歇爾著	180元
㊴甲殼質殼聚糖健康法	沈永嘉譯	160元
㊵神經痛預防與治療	木下眞男著	160元
㊶室內身體鍛鍊法	陳炳崑編著	160元
㊷吃出健康藥膳	劉大器編著	180元
㊸自我指壓術	蘇燕謀編著	160元
㊹紅蘿蔔汁斷食療法	李玉瓊編著	150元
㊺洗心術健康秘法	竺翠萍編譯	170元
㊻枇杷葉健康療法	柯素娥編譯	180元
㊼抗衰血癒	楊啟宏著	180元
㊽與癌搏鬥記	逸見政孝著	180元
㊾冬蟲夏草長生寶典	高橋義博著	170元
㊿痔瘡・大腸疾病先端療法	宮島伸宜著	180元
51膠布治癒頑固慢性病	加瀨建造著	180元
52芝麻神奇健康法	小林貞作著	170元
53香煙能防止癡呆？	高田明和著	180元
54穀菜食治癌療法	佐藤成志著	180元
55貼藥健康法	松原英多著	180元
56克服癌症調和道呼吸法	帶津良一著	180元
57Ｂ型肝炎預防與治療	野村喜重郎著	180元
58青春永駐養生導引術	早島正雄著	180元
59改變呼吸法創造健康	原久子著	180元
60荷爾蒙平衡養生秘訣	出村博著	180元
61水美肌健康法	井戶勝富著	170元
62認識食物掌握健康	廖梅珠編著	170元
63痛風劇痛消除法	鈴木吉彥著	180元
64酸莖菌驚人療效	上田明彥著	180元
65大豆卵磷脂治現代病	神津健一著	200元
66時辰療法──危險時刻凌晨4時	呂建強等著	元
67自然治癒力提升法	帶津良一著	元
68巧妙的氣保健法	藤平墨子著	元

・實用女性學講座・電腦編號19

①解讀女性內心世界	島田一男著	150元
②塑造成熟的女性	島田一男著	150元
③女性整體裝扮學	黃靜香編著	180元
④女性應對禮儀	黃靜香編著	180元

・校園系列・電腦編號20

①讀書集中術	多湖輝著	150元
②應考的訣竅	多湖輝著	150元
③輕鬆讀書贏得聯考	多湖輝著	150元
④讀書記憶秘訣	多湖輝著	150元
⑤視力恢復！超速讀術	江錦雲譯	180元
⑥讀書36計	黃柏松編著	180元
⑦驚人的速讀術	鐘文訓編著	170元
⑧學生課業輔導良方	多湖輝著	170元

・實用心理學講座・電腦編號21

①拆穿欺騙伎倆	多湖輝著	140元
②創造好構想	多湖輝著	140元
③面對面心理術	多湖輝著	160元
④偽裝心理術	多湖輝著	140元
⑤透視人性弱點	多湖輝著	140元
⑥自我表現術	多湖輝著	150元
⑦不可思議的人性心理	多湖輝著	150元
⑧催眠術入門	多湖輝著	150元
⑨責罵部屬的藝術	多湖輝著	150元
⑩精神力	多湖輝著	150元
⑪厚黑說服術	多湖輝著	150元
⑫集中力	多湖輝著	150元
⑬構想力	多湖輝著	150元
⑭深層心理術	多湖輝著	160元
⑮深層語言術	多湖輝著	160元
⑯深層說服術	多湖輝著	180元
⑰掌握潛在心理	多湖輝著	160元
⑱洞悉心理陷阱	多湖輝著	180元
⑲解讀金錢心理	多湖輝著	180元
⑳拆穿語言圈套	多湖輝著	180元
㉑語言的心理戰	多湖輝著	180元

・超現實心理講座・電腦編號22

①超意識覺醒法	詹蔚芬編譯	130元
②護摩秘法與人生	劉名揚編譯	130元
③秘法！超級仙術入門	陸　明譯	150元

④給地球人的訊息	柯素娥編著	150元
⑤密教的神通力	劉名揚編著	130元
⑥神秘奇妙的世界	平川陽一著	180元
⑦地球文明的超革命	吳秋嬌譯	200元
⑧力量石的秘密	吳秋嬌譯	180元
⑨超能力的靈異世界	馬小莉譯	200元
⑩逃離地球毀滅的命運	吳秋嬌譯	200元
⑪宇宙與地球終結之謎	南山宏著	200元
⑫驚世奇功揭秘	傅起鳳著	200元
⑬啟發身心潛力心象訓練法	栗田昌裕著	180元
⑭仙道術遁甲法	高藤聰一郎著	220元
⑮神通力的秘密	中岡俊哉著	180元
⑯仙人成仙術	高藤聰一郎著	200元
⑰仙道符咒氣功法	高藤聰一郎著	220元
⑱仙道風水術尋龍法	高藤聰一郎著	200元
⑲仙道奇蹟超幻像	高藤聰一郎著	200元
⑳仙道鍊金術房中法	高藤聰一郎著	200元

・養生保健・電腦編號 23

①醫療養生氣功	黃孝寬著	250元
②中國氣功圖譜	余功保著	230元
③少林醫療氣功精粹	井玉蘭著	250元
④龍形實用氣功	吳大才等著	220元
⑤魚戲增視強身氣功	宮　嬰著	220元
⑥嚴新氣功	前新培金著	250元
⑦道家玄牝氣功	張　章著	200元
⑧仙家秘傳袪病功	李遠國著	160元
⑨少林十大健身功	秦慶豐著	180元
⑩中國自控氣功	張明武著	250元
⑪醫療防癌氣功	黃孝寬著	250元
⑫醫療強身氣功	黃孝寬著	250元
⑬醫療點穴氣功	黃孝寬著	250元
⑭中國八卦如意功	趙維漢著	180元
⑮正宗馬禮堂養氣功	馬禮堂著	420元
⑯秘傳道家筋經內丹功	王慶餘著	280元
⑰三元開慧功	辛桂林著	250元
⑱防癌治癌新氣功	郭　林著	180元
⑲禪定與佛家氣功修煉	劉天君著	200元
⑳顛倒之術	梅自強著	360元
㉑簡明氣功辭典	吳家駿編	元

㉒八卦三合功	張全亮著	230元

・社會人智囊・電腦編號24

①糾紛談判術	清水增三著	160元
②創造關鍵術	淺野八郎著	150元
③觀人術	淺野八郎著	180元
④應急詭辯術	廖英迪編著	160元
⑤天才家學習術	木原武一著	160元
⑥猫型狗式鑑人術	淺野八郎著	180元
⑦逆轉運掌握術	淺野八郎著	180元
⑧人際圓融術	澀谷昌三著	160元
⑨解讀人心術	淺野八郎著	180元
⑩與上司水乳交融術	秋元隆司著	180元
⑪男女心態定律	小田晉著	180元
⑫幽默說話術	林振輝編著	200元
⑬人能信賴幾分	淺野八郎著	180元
⑭我一定能成功	李玉瓊譯	180元
⑮獻給青年的嘉言	陳蒼杰譯	180元
⑯知人、知面、知其心	林振輝編著	180元
⑰塑造堅強的個性	坂上肇著	180元
⑱爲自己而活	佐藤綾子著	180元
⑲未來十年與愉快生活有約	船井幸雄著	180元

・精 選 系 列・電腦編號25

①毛澤東與鄧小平	渡邊利夫等著	280元
②中國大崩裂	江戶介雄著	180元
③台灣・亞洲奇蹟	上村幸治著	220元
④7-ELEVEN高盈收策略	國友隆一著	180元
⑤台灣獨立	森 詠著	200元
⑥迷失中國的末路	江戶雄介著	220元
⑦2000年5月全世界毀滅	紫藤甲子男著	180元
⑧失去鄧小平的中國	小島朋之著	220元

・運 動 遊 戲・電腦編號26

①雙人運動	李玉瓊譯	160元
②愉快的跳繩運動	廖玉山譯	180元
③運動會項目精選	王佑京譯	150元
④肋木運動	廖玉山譯	150元

⑤測力運動	王佑宗譯	150元

・休閒娛樂・電腦編號 27

①海水魚飼養法	田中智浩著	300元
②金魚飼養法	曾雪玫譯	250元

・銀髮族智慧學・電腦編號 28

①銀髮六十樂逍遙	多湖輝著	170元
②人生六十反年輕	多湖輝著	170元
③六十歲的決斷	多湖輝著	170元

・飲食保健・電腦編號 29

①自己製作健康茶	大海淳著	220元
②好吃、具藥效茶料理	德永睦子著	220元
③改善慢性病健康茶	吳秋嬌譯	200元

・家庭醫學保健・電腦編號 30

①女性醫學大全	雨森良彥著	380元
②初爲人父育兒寶典	小瀧周曹著	220元
③性活力強健法	相建華著	200元
④30歲以上的懷孕與生產	李芳黛編著	元

・心靈雅集・電腦編號 00

①禪言佛語看人生	松濤弘道著	180元
②禪密教的奧秘	葉逯謙譯	120元
③觀音大法力	田口日勝著	120元
④觀音法力的大功德	田口日勝著	120元
⑤達摩禪106智慧	劉華亭編譯	220元
⑥有趣的佛教研究	葉逯謙編譯	170元
⑦夢的開運法	蕭京凌譯	130元
⑧禪學智慧	柯素娥編譯	130元
⑨女性佛教入門	許俐萍譯	110元
⑩佛像小百科	心靈雅集編譯組	130元
⑪佛教小百科趣談	心靈雅集編譯組	120元
⑫佛教小百科漫談	心靈雅集編譯組	150元
⑬佛教知識小百科	心靈雅集編譯組	150元

⑭佛學名言智慧	松濤弘道著	220元
⑮釋迦名言智慧	松濤弘道著	220元
⑯活人禪	平田精耕著	120元
⑰坐禪入門	柯素娥編譯	150元
⑱現代禪悟	柯素娥編譯	130元
⑲道元禪師語錄	心靈雅集編譯組	130元
⑳佛學經典指南	心靈雅集編譯組	130元
㉑何謂「生」　阿含經	心靈雅集編譯組	150元
㉒一切皆空　般若心經	心靈雅集編譯組	150元
㉓超越迷惘　法句經	心靈雅集編譯組	130元
㉔開拓宇宙觀　華嚴經	心靈雅集編譯組	130元
㉕真實之道　法華經	心靈雅集編譯組	130元
㉖自由自在　涅槃經	心靈雅集編譯組	130元
㉗沈默的教示　維摩經	心靈雅集編譯組	150元
㉘開通心眼　佛語佛戒	心靈雅集編譯組	130元
㉙揭秘寶庫　密教經典	心靈雅集編譯組	130元
㉚坐禪與養生	廖松濤譯	110元
㉛釋尊十戒	柯素娥編譯	120元
㉜佛法與神通	劉欣如編著	120元
㉝悟（正法眼藏的世界）	柯素娥編譯	120元
㉞只管打坐	劉欣如編著	120元
㉟喬答摩・佛陀傳	劉欣如編著	120元
㊱唐玄奘留學記	劉欣如編著	120元
㊲佛教的人生觀	劉欣如編譯	110元
㊳無門關（上卷）	心靈雅集編譯組	150元
㊴無門關（下卷）	心靈雅集編譯組	150元
㊵業的思想	劉欣如編著	130元
㊶佛法難學嗎	劉欣如著	140元
㊷佛法實用嗎	劉欣如著	140元
㊸佛法殊勝嗎	劉欣如著	140元
㊹因果報應法則	李常傳編	140元
㊺佛教醫學的奧秘	劉欣如編著	150元
㊻紅塵絕唱	海　若著	130元
㊼佛教生活風情	洪丕謨、姜玉珍著	220元
㊽行住坐臥有佛法	劉欣如著	160元
㊾起心動念是佛法	劉欣如著	160元
㊿四字禪語	曹洞宗青年會	200元
51妙法蓮華經	劉欣如編著	160元
52根本佛教與大乘佛教	葉作森編	180元
53大乘佛經	定方晟著	180元
54須彌山與極樂世界	定方晟著	180元

㊺阿闍世的悟道	定方晟著	180元
㊻金剛經的生活智慧	劉欣如著	180元

•經 營 管 理• 電腦編號01

◎創新經營管理六十六大計（精）	蔡弘文編	780元
①如何獲取生意情報	蘇燕謀譯	110元
②經濟常識問答	蘇燕謀譯	130元
④台灣商戰風雲錄	陳中雄著	120元
⑤推銷大王秘錄	原一平著	180元
⑥新創意・賺大錢	王家成譯	90元
⑦工廠管理新手法	琪　輝著	120元
⑨經營參謀	柯順隆譯	120元
⑩美國實業24小時	柯順隆譯	80元
⑪撼動人心的推銷法	原一平著	150元
⑫高竿經營法	蔡弘文編	120元
⑬如何掌握顧客	柯順隆譯	150元
⑭一等一賺錢策略	蔡弘文編	120元
⑯成功經營妙方	鐘文訓著	120元
⑰一流的管理	蔡弘文編	150元
⑱外國人看中韓經濟	劉華亭譯	150元
⑳突破商場人際學	林振輝編著	90元
㉑無中生有術	琪輝編著	140元
㉒如何使女人打開錢包	林振輝編著	100元
㉓操縱上司術	邑井操著	90元
㉔小公司經營策略	王嘉誠著	160元
㉕成功的會議技巧	鐘文訓編譯	100元
㉖新時代老闆學	黃柏松編著	100元
㉗如何創造商場智囊團	林振輝編譯	150元
㉘十分鐘推銷術	林振輝編譯	180元
㉙五分鐘育才	黃柏松編譯	100元
㉚成功商場戰術	陸明編譯	100元
㉛商場談話技巧	劉華亭編譯	120元
㉜企業帝王學	鐘文訓譯	90元
㉝自我經濟學	廖松濤編譯	100元
㉞一流的經營	陶田生編著	120元
㉟女性職員管理術	王昭國編譯	120元
㊱ＩＢＭ的人事管理	鐘文訓編譯	150元
㊲現代電腦常識	王昭國編譯	150元
㊳電腦管理的危機	鐘文訓編譯	120元
㊴如何發揮廣告效果	王昭國編譯	150元

⑩最新管理技巧　王昭國編譯　150元
㊶一流推銷術　廖松濤編譯　150元
㊷包裝與促銷技巧　王昭國編譯　130元
㊸企業王國指揮塔　松下幸之助著　120元
㊹企業精鋭兵團　松下幸之助著　120元
㊺企業人事管理　松下幸之助著　100元
㊻華僑經商致富術　廖松濤編譯　130元
㊼豐田式銷售技巧　廖松濤編譯　180元
㊽如何掌握銷售技巧　王昭國編著　130元
㊿洞燭機先的經營　鐘文訓編譯　150元
(52)新世紀的服務業　鐘文訓編譯　100元
(53)成功的領導者　廖松濤編譯　120元
(54)女推銷員成功術　李玉瓊編譯　130元
(55)ＩＢＭ人才培育術　鐘文訓編譯　100元
(56)企業人自我突破法　黃琪輝編著　150元
(58)財富開發術　蔡弘文編著　130元
(59)成功的店舖設計　鐘文訓編著　150元
(61)企管回春法　蔡弘文編著　130元
(62)小企業經營指南　鐘文訓編譯　100元
(63)商場致勝名言　鐘文訓編譯　150元
(64)迎接商業新時代　廖松濤編譯　100元
(66)新手股票投資入門　何朝乾　編　200元
(67)上揚股與下跌股　何朝乾編譯　180元
(68)股票速成學　何朝乾編譯　200元
(69)理財與股票投資策略　黃俊豪編著　180元
(70)黃金投資策略　黃俊豪編著　180元
(71)厚黑管理學　廖松濤編譯　180元
(72)股市致勝格言　呂梅莎編譯　180元
(73)透視西武集團　林谷燁編譯　150元
(76)巡迴行銷術　陳蒼杰譯　150元
(77)推銷的魔術　王嘉誠譯　120元
(78)60秒指導部屬　周蓮芬編譯　150元
(79)精鋭女推銷員特訓　李玉瓊編譯　130元
(80)企劃、提案、報告圖表的技巧　鄭　汶　譯　180元
(81)海外不動產投資　許達守編譯　150元
(82)八百伴的世界策略　李玉瓊譯　150元
(83)服務業品質管理　吳宜芬譯　180元
(84)零庫存銷售　黃東謙編譯　150元
(85)三分鐘推銷管理　劉名揚編譯　150元
(86)推銷大王奮鬥史　原一平著　150元
(87)豐田汽車的生產管理　林谷燁編譯　150元

•成功寶庫•電腦編號02

①上班族交際術	江森滋著	100元
②拍馬屁訣竅	廖玉山編譯	110元
④聽話的藝術	歐陽輝編譯	110元
⑨求職轉業成功術	陳　義編著	110元
⑩上班族禮儀	廖玉山編著	120元
⑪接近心理學	李玉瓊編著	100元
⑫創造自信的新人生	廖松濤編著	120元
⑭上班族如何出人頭地	廖松濤編著	100元
⑮神奇瞬間瞑想法	廖松濤編譯	100元
⑯人生成功之鑰	楊意苓編著	150元
⑲給企業人的諍言	鐘文訓編著	120元
⑳企業家自律訓練法	陳　義編譯	100元
㉑上班族妖怪學	廖松濤編著	100元
㉒猶太人縱橫世界的奇蹟	孟佑政編著	110元
㉓訪問推銷術	黃静香編著	130元
㉕你是上班族中強者	嚴思圖編著	100元
㉖向失敗挑戰	黃静香編著	100元
㉙機智應對術	李玉瓊編著	130元
㉚成功頓悟100則	蕭京凌編譯	130元
㉛掌握好運100則	蕭京凌編譯	110元
㉜知性幽默	李玉瓊編譯	130元
㉝熟記對方絕招	黃静香編譯	100元
㉞男性成功秘訣	陳蒼杰編譯	130元
㊱業務員成功秘方	李玉瓊編著	120元
㊲察言觀色的技巧	劉華亭編著	180元
㊳一流領導力	施義彥編譯	120元
㊴一流說服力	李玉瓊編著	130元
㊵30秒鐘推銷術	廖松濤編譯	150元
㊶猶太成功商法	周蓮芬編譯	120元
㊷尖端時代行銷策略	陳蒼杰編著	100元
㊸顧客管理學	廖松濤編著	100元
㊹如何使對方說Yes	程　羲編著	150元
㊺如何提高工作效率	劉華亭編著	150元
㊼上班族口才學	楊鴻儒譯	120元
㊽上班族新鮮人須知	程　羲編著	120元
㊾如何左右逢源	程　羲編著	130元
㊿語言的心理戰	多湖輝著	130元
(51)扣人心弦演說術	劉名揚編著	120元

⑬如何增進記憶力、集中力	廖松濤譯	130元
⑮性惡企業管理學	陳蒼杰譯	130元
⑯自我啟發200招	楊鴻儒編著	150元
⑰做個傑出女職員	劉名揚編著	130元
⑱靈活的集團營運術	楊鴻儒編著	120元
⑳個案研究活用法	楊鴻儒編著	130元
㉑企業教育訓練遊戲	楊鴻儒編著	120元
㉒管理者的智慧	程　義編譯	130元
㉓做個佼佼管理者	馬筱莉編譯	130元
㉔智慧型說話技巧	沈永嘉編譯	130元
㉖活用佛學於經營	松濤弘道著	150元
㉗活用禪學於企業	柯素娥編譯	130元
㉘詭辯的智慧	沈永嘉編譯	150元
㉙幽默詭辯術	廖玉山編譯	150元
⑦⓪拿破崙智慧箴言	柯素娥編譯	130元
⑦①自我培育・超越	蕭京凌編譯	150元
⑦④時間即一切	沈永嘉編譯	130元
⑦⑤自我脫胎換骨	柯素娥譯	150元
⑦⑥贏在起跑點—人才培育鐵則	楊鴻儒編譯	150元
⑦⑦做一枚活棋	李玉瓊編譯	130元
⑦⑧面試成功戰略	柯素娥編譯	130元
⑦⑨自我介紹與社交禮儀	柯素娥編譯	150元
⑧⓪說NO的技巧	廖玉山編譯	130元
⑧①瞬間攻破心防法	廖玉山編譯	120元
⑧②改變一生的名言	李玉瓊編譯	130元
⑧③性格性向創前程	楊鴻儒編譯	130元
⑧④訪問行銷新竅門	廖玉山編譯	150元
⑧⑤無所不達的推銷話術	李玉瓊編譯	150元

・處 世 智 慧・電腦編號 03

①如何改變你自己	陸明編譯	120元
⑥靈感成功術	譚繼山編譯	80元
⑧扭轉一生的五分鐘	黃柏松編譯	100元
⑩現代人的詭計	林振輝譯	100元
⑫如何利用你的時間	蘇遠謀譯	80元
⑬口才必勝術	黃柏松編譯	120元
⑭女性的智慧	譚繼山編譯	90元
⑮如何突破孤獨	張文志編譯	80元
⑯人生的體驗	陸明編譯	80元
⑰微笑社交術	張芳明譯	90元

⑱幽默吹牛術	金子登著	90元
⑲攻心說服術	多湖輝著	100元
⑳當機立斷	陸明編譯	70元
㉑勝利者的戰略	宋恩臨編譯	80元
㉒如何交朋友	安紀芳編著	70元
㉓鬥智奇謀（諸葛孔明兵法）	陳炳崑著	70元
㉔慧心良言	亦　奇著	80元
㉕名家慧語	蔡逸鴻主編	90元
㉗稱霸者啟示金言	黃柏松編譯	90元
㉘如何發揮你的潛能	陸明編譯	90元
㉙女人身態語言學	李常傳譯	130元
㉚摸透女人心	張文志譯	90元
㉛現代戀愛秘訣	王家成譯	70元
㉜給女人的悄悄話	妮倩編譯	90元
㉞如何開拓快樂人生	陸明編譯	90元
㉟驚人時間活用法	鐘文訓譯	80元
㊱成功的捷徑	鐘文訓譯	70元
㊲幽默逗笑術	林振輝著	120元
㊳活用血型讀書法	陳炳崑譯	80元
㊴心　燈	葉于模著	100元
㊵當心受騙	林顯茂譯	90元
㊶心・體・命運	蘇燕謀譯	70元
㊷如何使頭腦更敏銳	陸明編譯	70元
㊸宮本武藏五輪書金言錄	宮本武藏著	100元
㊺勇者的智慧	黃柏松編譯	80元
㊼成熟的愛	林振輝譯	120元
㊽現代女性駕馭術	蔡德華著	90元
㊾禁忌遊戲	酒井潔著	90元
52摸透男人心	劉華亭編譯	80元
53如何達成願望	謝世輝著	90元
54創造奇蹟的「想念法」	謝世輝著	90元
55創造成功奇蹟	謝世輝著	90元
56男女幽默趣典	劉華亭譯	90元
57幻想與成功	廖松濤譯	80元
58反派角色的啟示	廖松濤編譯	70元
59現代女性須知	劉華亭編著	75元
61機智說話術	劉華亭編譯	100元
62如何突破內向	姜倩怡編譯	110元
64讀心術入門	王家成編譯	100元
65如何解除內心壓力	林美羽編著	110元
66取信於人的技巧	多湖輝著	110元

⑰如何培養堅強的自我	林美羽編著	90元
⑱自我能力的開拓	卓一凡編著	110元
⑳縱橫交涉術	嚴思圖編著	90元
㉑如何培養妳的魅力	劉文珊編著	90元
㉒魅力的力量	姜倩怡編著	90元
㉕個性膽怯者的成功術	廖松濤編譯	100元
㉖人性的光輝	文可式編著	90元
㉙培養靈敏頭腦秘訣	廖玉山編著	90元
㉚夜晚心理術	鄭秀美編譯	80元
㉛如何做個成熟的女性	李玉瓊編著	80元
㉜現代女性成功術	劉文珊編著	90元
㉝成功說話技巧	梁惠珠編譯	100元
㉞人生的真諦	鐘文訓編譯	100元
㉟妳是人見人愛的女孩	廖松濤編著	120元
87指尖・頭腦體操	蕭京凌編譯	90元
88電話應對禮儀	蕭京凌編著	120元
89自我表現的威力	廖松濤編譯	100元
90名人名語啟示錄	喬家楓編著	100元
91男與女的哲思	程鐘梅編譯	110元
92靈思慧語	牧　風著	110元
93心靈夜語	牧　風著	100元
94激盪腦力訓練	廖松濤編譯	100元
95三分鐘頭腦活性法	廖玉山編譯	110元
96星期一的智慧	廖玉山編譯	100元
97溝通說服術	賴文琇編譯	100元
98超速讀超記憶法	廖松濤編譯	140元

•健康與美容• 電腦編號 04

③媚酒傳（中國王朝秘酒）	陸明主編	120元
④藥酒與健康果菜汁	成玉主編	150元
⑤中國回春健康術	蔡一藩著	100元
⑥奇蹟的斷食療法	蘇燕謀譯	110元
⑧健美食物法	陳炳崑譯	120元
⑨驚異的漢方療法	唐龍編著	90元
⑩不老強精食	唐龍編著	100元
⑫五分鐘跳繩健身法	蘇明達譯	100元
⑬睡眠健康法	王家成譯	80元
⑭你就是名醫	張芳明譯	90元
⑮如何保護你的眼睛	蘇燕謀譯	70元
⑲釋迦長壽健康法	譚繼山譯	90元

⑳腳部按摩健康法	譚繼山譯	120元
㉑自律健康法	蘇明達譯	90元
㉓身心保健座右銘	張仁福著	160元
㉔腦中風家庭看護與運動治療	林振輝譯	100元
㉕秘傳醫學人相術	成玉主編	120元
㉖導引術入門(1)治療慢性病	成玉主編	110元
㉗導引術入門(2)健康・美容	成玉主編	110元
㉘導引術入門(3)身心健康法	成玉主編	110元
㉙妙用靈藥・蘆薈	李常傳譯	150元
㉚萬病回春百科	吳通華著	150元
㉛初次懷孕的10個月	成玉編譯	130元
㉜中國秘傳氣功治百病	陳炳崑編譯	130元
㉟仙人長生不老學	陸明編譯	100元
㊱釋迦秘傳米粒刺激法	鐘文訓譯	120元
㊲痔・治療與預防	陸明編譯	130元
㊳自我防身絕技	陳炳崑編譯	120元
㊴運動不足時疲勞消除法	廖松濤譯	110元
㊵三溫暖健康法	鐘文訓編譯	90元
㊸維他命與健康	鐘文訓譯	150元
㊺森林浴—綠的健康法	劉華亭編譯	80元
㊼導引術入門(4)酒浴健康法	成玉主編	90元
㊽導引術入門(5)不老回春法	成玉主編	90元
㊾山白竹（劍竹）健康法	鐘文訓譯	90元
㊿解救你的心臟	鐘文訓編譯	100元
51牙齒保健法	廖玉山譯	90元
52超人氣功法	陸明編譯	110元
54借力的奇蹟(1)	力拔山著	100元
55借力的奇蹟(2)	力拔山著	100元
56五分鐘小睡健康法	呂添發撰	120元
57禿髮、白髮預防與治療	陳炳崑撰	120元
59艾草健康法	張汝明編譯	90元
60一分鐘健康診斷	蕭京凌編譯	90元
61念術入門	黃靜香編譯	90元
62念術健康法	黃靜香編譯	90元
63健身回春法	梁惠珠編譯	100元
64姿勢養生法	黃秀娟編譯	90元
65仙人瞑想法	鐘文訓譯	120元
66人蔘的神效	林慶旺譯	100元
67奇穴治百病	吳通華著	120元
68中國傳統健康法	靳海東著	100元
71酵素健康法	楊　皓編譯	120元

⑬腰痛預防與治療	五味雅吉著	130元
⑭如何預防心臟病・腦中風	譚定長等著	100元
⑮少女的生理秘密	蕭京凌譯	120元
⑯頭部按摩與針灸	楊鴻儒譯	100元
⑰雙極療術入門	林聖道著	100元
⑱氣功自療法	梁景蓮著	120元
⑲大蒜健康法	李玉瓊編譯	100元
㉛健胸美容秘訣	黃靜香譯	120元
㉜鍺奇蹟療效	林宏儒譯	120元
㉝三分鐘健身運動	廖玉山譯	120元
㉞尿療法的奇蹟	廖玉山譯	120元
㉟神奇的聚積療法	廖玉山譯	120元
86預防運動傷害伸展體操	楊鴻儒編譯	120元
88五日就能改變你	柯素娥譯	110元
89三分鐘氣功健康法	陳美華譯	120元
91道家氣功術	早島正雄著	130元
92氣功減肥術	早島正雄著	120元
93超能力氣功法	柯素娥譯	130元
94氣的瞑想法	早島正雄著	120元

・家庭／生活・電腦編號 05

①單身女郎生活經驗談	廖玉山編著	100元
②血型・人際關係	黃靜編著	120元
③血型・妻子	黃靜編著	110元
④血型・丈夫	廖玉山編譯	130元
⑤血型・升學考試	沈永嘉編譯	120元
⑥血型・臉型・愛情	鐘文訓編譯	120元
⑦現代社交須知	廖松濤編譯	100元
⑧簡易家庭按摩	鐘文訓編譯	150元
⑨圖解家庭看護	廖玉山編譯	120元
⑩生男育女隨心所欲	岡正基編著	160元
⑪家庭急救治療法	鐘文訓編著	100元
⑫新孕婦體操	林曉鐘譯	120元
⑬從食物改變個性	廖玉山編譯	100元
⑭藥草的自然療法	東城百合子著	200元
⑮糙米菜食與健康料理	東城百合子著	180元
⑯現代人的婚姻危機	黃　靜編著	90元
⑰親子遊戲　0歲	林慶旺編譯	100元
⑱親子遊戲　1～2歲	林慶旺編譯	110元
⑲親子遊戲　3歲	林慶旺編譯	100元

⑳女性醫學新知	林曉鐘編譯	130元
㉑媽媽與嬰兒	張汝明編譯	180元
㉒生活智慧百科	黃　靜編譯	100元
㉓手相・健康・你	林曉鐘編譯	120元
㉔菜食與健康	張汝明編譯	110元
㉕家庭素食料理	陳東達著	140元
㉖性能力活用秘法	米開・尼里著	150元
㉗兩性之間	林慶旺編譯	120元
㉘性感經穴健康法	蕭京凌編譯	150元
㉙幼兒推拿健康法	蕭京凌編譯	100元
㉚談中國料理	丁秀山編著	100元
㉛舌技入門	增田豐　著	160元
㉜預防癌症的飲食法	黃靜香編譯	150元
㉝性與健康寶典	黃靜香編譯	180元
㉞正確避孕法	蕭京凌編譯	130元
㉟吃的更漂亮美容食譜	楊萬里著	120元
㊱圖解交際舞速成	鐘文訓編譯	150元
㊲觀相導引術	沈永嘉譯	130元
㊳初為人母12個月	陳義譯	180元
㊴圖解麻將入門	顧安行編譯	160元
㊵麻將必勝秘訣	石利夫編譯	160元
㊶女性一生與漢方	蕭京凌編譯	100元
㊷家電的使用與修護	鐘文訓編譯	160元
㊸錯誤的家庭醫療法	鐘文訓編譯	100元
㊹簡易防身術	陳慧珍編譯	130元
㊺茶健康法	鐘文訓編譯	130元
㊻雞尾酒大全	劉雪卿譯	180元
㊼生活的藝術	沈永嘉編著	120元
㊽雜草雜果健康法	沈永嘉編著	120元
㊾如何選擇理想妻子	荒谷慈著	110元
㊿如何選擇理想丈夫	荒谷慈著	110元
51中國食與性的智慧	根本光人著	150元
52開運法話	陳宏男譯	100元
53禪語經典＜上＞	平田精耕著	150元
54禪語經典＜下＞	平田精耕著	150元
55手掌按摩健康法	鐘文訓譯	180元
56脚底按摩健康法	鐘文訓譯	150元
57仙道運氣健身法	李玉瓊譯	150元
58健心、健體呼吸法	蕭京凌譯	120元
59自彊術入門	蕭京凌譯	120元
60指技入門	增田豐著	160元

國家圖書館出版品預行編目資料

爲自己而活/佐藤綾子著；李芳黛譯
——初版，——臺北市，大展，民85
面；　　公分，——（社會人智囊；18）
譯自：自分をぶつけて生きてみよう
ISBN 957-557-661-6（平裝）

1. 成功法

177.2　　85012424

為自己而活　　ISBN 957-557-661-6

原 著 者/ 佐藤綾子
編 譯 者/ 李芳黛
發 行 人/ 蔡森明
出 版 者/ 大展出版社有限公司
社　　址/ 台北市北投區（石牌）致遠一路2段12巷1號
電　　話/ （02）8236031・8236033
傳　　眞/ （02）8272069
郵政劃撥/ 0166955-1
登 記 證/ 局版臺業字第2171號
承 印 者/ 高星企業有限公司
裝　　訂/ 日新裝訂所
排 版 者/ 弘益電腦排版有限公司
初　　版/ 1996年（民85年）12月
2　　刷/ 1997年（民86年）2月　　定　價/ 180元

●本書若有破損缺頁敬請寄回本社更換●

大展好書 好書大展

大展好書　好書大展